当代城市发展与规划丛书

国家自然科学基金项目（编号 41001103）、北京地区普通高等学校首都经济学科群建设项目（2010–2012）、国家“985 工程优势学科创新平台项目”专项经费和澳大利亚研究基金会 ARC（DP1094801）资助

企业区位选择与城市空间重构

——以上海为例

秦 波 著

中国建筑工业出版社

图书在版编目（CIP）数据

企业区位选择与城市空间重构——以上海为例 / 秦波著. —北京：中国建筑工业出版社，2012.6
（当代城市发展与规划丛书）
ISBN 978-7-112-14390-0

Ⅰ.①企… Ⅱ.①秦… Ⅲ.①企业 – 区位选择 – 研究 – 上海市②城市空间 – 空间规划 – 研究 – 上海市 Ⅳ.①F279.275.1②TU984.251

中国版本图书馆CIP数据核字（2012）第115217号

城市空间结构一直是城市研究领域的重要课题。虽然对城市的人口空间结构学术界已有大量研究，但对于企业分布的研究却有不足。本书基于上海的企业空间数据库，综合运用GIS、空间统计、计量模型以及案例访谈等方法，揭示企业的空间分布格局并阐释其背后的区位选择因素和博弈过程；与国内外其他城市进行对比，从而展示了上海城市空间重构与其政治、经济和社会转型之间的内在联系。

本书适合从事城市地理学、城市经济学和城市管理学相关专业的研究人员以及从事城市规划、建设与管理的实践工作者阅读。

责任编辑：黄　翊　焦　扬　陆新之
责任设计：李志立
责任设计：肖　剑　关　健

当代城市发展与规划丛书
企业区位选择与城市空间重构
——以上海为例
秦　波　著
*
中国建筑工业出版社出版、发行（北京西郊百万庄）
各地新华书店、建筑书店经销
北京嘉泰利德公司制版
北京云浩印刷有限责任公司印刷
*
开本：787×960 毫米　1/16　印张：$9^3/_4$　字数：195 千字
2012 年 6 月第一版　2012 年 6 月第一次印刷
定价：30.00 元
ISBN 978-7-112-14390-0
（22464）

目　录

1 绪 论

1.1 研究内容

1.1.1 研究背景

对城市空间结构的研究一直是城市规划、城市地理学、城市社会学等“城市”学科的热点领域和核心内容之一。无论是在“知”的范畴，还是在“行”的范畴，正确科学地理解城市空间结构的现状特征、演变趋势以及背后的动力机制，是我们认识城市、改造城市，进而认识世界、改造世界的重要基础。

在“知”的层面上，城市的空间结构好似一面镜子，反映了影响和支配城市中政府、企业、家庭、个人等各类微观要素的行为规则、规律和制度，是探索、发现和验证各种猜想和理论最好的“试验田”。很多学科的经典理论都来自于对城市空间结构的深入调查、思考和总结。

比如社会学中伯吉斯（Burgess）的种族“入侵－演替（Invasion-succession）”理论，即是基于对20世纪初芝加哥城市中不同族群空间分布的长期观察和研究，而这种对空间结构的理解又反过来帮助学者理解城市中的社会状况与变化；再如经济学中阿隆索（Alonson）的土地竞租（Bid rent）理论是基于对城市中地价圈层分布的研究，反过来也促进了经济学家对城市土地和房地产市场的认识；同样的例子还有地理学中哈维（Harvey）的结构主义分析框架，他对城市空间的阐释激发了新一轮对马克思主义的理论争辩。

在“行”的层面上，科学地认识和理解空间结构是编制城市规划、制定公共政策的重要基础和前提。因为一个城市的空间结构与这个城市中每一个微观个体（包括企业、家庭、基础设施等）息息相关，并直接着影响这个城市的经济运行效率、居民生活质量以及生态环境状况。

此外，空间结构具有长期性和难以逆转性，一旦形成则难以改变。一个突出的例子是，美国一半以上的城市用地由于已经形成过于蔓延的空间形态，人口密度太低达不到公共汽车交通运营的最低门槛，不得不永久性地依赖于私人汽车交通（Condon，et al.，2009）。

1978年改革开放后，我国城市发展取得了令世人瞩目的巨大成就，解决了数亿人工作就业、居住生活、教育休闲的需求，甚至成为推动中国经济和世界经济增长的重要引擎。与之相呼应的是我国城市政府管理体制、经济体制、社会体制等方面一系列重大转型，而作为城市内部经济、社会、政治结构的外在表象，城市的空间结构也自然会随上述各领域的重大转型而进行重构。

这正是本书所研究的核心议题：一个城市的空间结构是如何反映其经济、社会和政治结构，又是如何影响其经济、社会和政治结构？在作者的理论框架中，空间结构如同一个事物（城市）的外在表象，其本质上应该是由该事物的内部结构所决定（经济、社会、政治结构），但反过来事物的外在表象也会影响它的内部结构。本书基本上以中国最大的工商业城市和全国经济中心上海为例，在某些章节的论述中间或用到其他城市的数据。

自从1978年中央政府实施改革开放政策以来，政府高度管控的计划经济体制逐渐转型，城市的经济体系发生了巨大的变化。在上海，30年来服务业得到飞速发展，由制造业为主要支撑的经济体也由此转型为更为多样化的现代经济体系（Yeung和Sung，1996；Yusuf和Wu，2002）。具体体现为以下三个方面：

首先是产业结构的变化：从1978年至2005年，上海第二产业占GDP的比重从77.4%下降到48.6%，而第三产业则由18.5%增加到50.5%（上海市统计局，2006）；然后是经济所有制结构的变化，由国家企业独大向多种经济形式并存发展的方向转变。例如，上海非政府来源的投资占总固定资产投资的比重从1993年的36%增长到2005年的70%；还有经济外向性的变化，整个城市的经济体系也变得更为开放。FDI（外国直接投资）增长迅速，国际贸易往来活跃，进出口总额占GDP的比重由1978年的19.1%增长到2005年的166.8%（上海市统计局，2006）。

一系列的改革开放政策推动了上海的经济自由化，从根本上改变了城市中各类微观要素之间的关系，特别是政府与企业之间关系，从而引发各类要素行为方式的改变，最终也导致空间布局的重构。1978年之后，持续的企业体制改革（如：扩大企业自主权，1978 ~ 1984年；企业承包经营责任制改革，1984 ~ 1993年；现代企业体制改革，1993年至今）逐步放松了政府对企业资源分配、生产计划、产品营销、商品定价、雇佣员工、工资薪酬等方面的管制，一步步放权、授权给国有企业（Qian，1996；Lin，2000）。从此国有企业拥有更多自主权，并逐渐习惯通过市场机制而非政府命令，来决定生产、销售和管理策略。

在国有企业得以“松绑”的同时，私营企业也在迅速成长。由于本质上的不同，它们必然更加依赖于市场机制来确定生产、销售和管理策略（Ming和Zhang，1999）。1978年，国有部门所贡献的产业增加值占到上海GDP的99%，2005年这个比例减少到57.6%，非国有部门相应地为42.4%（上海市统计局，2006）。

与经济体制改革一并进行的是行政体制改革，也就是所谓的行政分权改革（Political Decentralization）。分权改革从根本上改变了中央政府和地方政府的行为，其标志性事件是1994年的分税制改革。此次财税改革在一定程度上改变了央地关系，其大方向是中央政府向地方政府赋予更多的财政和经济权力，并使之明确化。清晰的财税分成关系犹如清晰的产权界定，在很大程度上改变了政府行为。

对于地方政府而言，分税制改革一方面保证了独立的税收来源和确定的财政收入，从而激励地方政府谋求经济发展以获取更多的税收收入，从而拥有更多的资源；另一方面，地方政府也必须独立承担大部分财政支出的花销，包括基础设施建设、公共服务供给、产业发展投资等等，从而也迫使地方政府不得不以经济发展为第一要务（Zhu，1999b；Zhang，2002）。必须注意到，地方政府也分层级；基于不同的行政制度安排，不同层级的地方政府也有着不同的行为模式。在上海，除了中央政府和市政府，区县政府以及街道办、乡镇政府同样对经济发展具有重要推动作用（Wu，2000a）。

与此同时，政府主导投资、推动城市开发建设的发展模式也逐渐被主体多元化的市场机制所替代（上海城市规划年鉴，1998）。资本市场、劳动力市场、土地和资产市场等各类市场也逐步建立和完善，资本、劳动力、土地、商品等各类要素的价格和流动方向不再由政府决定，而是依据供求关系在市场竞争中确定，整个资源利用和配置的体系完全改变。

一言以蔽之，翻天覆地的经济体制、企业体制以及行政体制变革，必将影响上海的经济、社会和政治结构，从而在城市空间结构上留下深深的“烙印”。

1.1.2 研究问题

城市空间的重构是经济、社会、政治体系发生转型后必然产生的空间现象，或者说是不断变化的经济、社会、政治体系在空间上的“再投影”（Knox，1994）。随着中国在改革开放后进入全方位的转型时期，以上海、北京等大城市为代表的城市正经历着经济、社会和政治的巨大变革。在这样的大背景下，本书的主要研究问题是：在转型期的中国城市中，经济、社会、政治体制的巨大变化是如何作用于城市的空间结构，并形成什么样的“投影”？

在现有文献中，城市空间结构中大多数的变化都可以用集聚过程与扩散过程来归纳，这两大过程引导着城市体系空间结构与城市内部空间结构的演变。在世界城市体系中，随着全球化进程的推进，“命令和控制”（Command Control）职能的集聚使得一种全新的城市类型——全球城市得以出现，而发展中国家为数众多的“世界工厂”集聚群落则反映出制造业活动在全球范围内的空间扩散，以及传统经济活动由核心向边缘转移的趋势（Hall，1966；Freidmann 和 Wolff，1982；Knox，1995；Hill 和 Kim，2000；Sassen，2001）。

在城市内部，科学技术（包括交通技术、信息技术、工程机械技术等）的进展和社会结构的变化持续影响着人口、就业、出行等社会经济活动在空间上的重新布局（Smith，1984；Mieszkowski 和 Mills，1993）。过去一百年间，在大多数发达国家大城市中一个明显的空间变化趋势是：人口、制造厂、零售业和办公服务业在空间上持续扩散，城市进入郊区化过程（Anas，et al.，1998；Ingram，1998）。

不同要素、不同产业空间扩散的态势不尽相同。人口、制造业最先开始郊区化，然后是生活服务业。高端生产者服务和总部职能一开始集聚于城市中心，而后也开始了向郊区扩散。但与零售业等一般生活服务业不同的是，高端生产者服务和总部职能在总体空间扩散的趋势当中，又重新集聚于郊区的城市副中心。这种“扩散中的集中”形成所谓的“新郊区化”，并推动城市由单中心结构向多中心结构演变（Hartshorn 和 Muller，1989；Stanback，1991；Garreau，1991）。

企业的区位选择和迁移是推动城市空间重构的核心力量。这不仅是因为企业本身就是构成城市的核心要素，它与家庭共同构成城市社会经济体系中最基本的微观单元；而且因为企业的区位选择和空间分布直接影响到城市中的人口居住、就业工作、通勤出行、土地开发、公共服务配套、基础设施供给等一系列社会经济活动和物质实体建设的空间分布（Bourne，1982）。

正如 Anas、Arnott 和 Small 三位重量级学者对城市空间结构那篇最为重要的综述文献中所指出的那样：“毫无疑问，影响当今城市空间结构变化的一个重要力量来源于企业，来源于企业内部以及企业间经济关系的改变”（Anas，et al.，1998：1427）。这种改变会影响企业的区位选择行为，继而影响到整个城市的整体空间结构。

在现有的城市空间重构和企业区位选择的研究文献中，学者们已经认识到不同类型的企业会表现出不同的区位选择行为和相异的整体空间分布格局，所表现出的空间集聚与扩散演变趋势也不甚相同，其根本原因是影响它们在城市中分布的区位因子有所不同。

以美国城市中的各类企业为例，二战后大量的制造业工厂从中心城区迁往郊区，以节约土地和房产成本，同时还可以更加靠近高速公路（Lee，1989）；生活性服务业（如大型购物中心、餐馆）跟随着城市居民郊区化的步伐而开始空间扩散，因为居民是生活新服务业赖以生存的服务对象（Berry，1967）；在一些大都市地区，高端生产者服务业和总部办公机构也开始扩散以缩减房地产租金成本和劳动力成本（Bodenam，1989），但由于其高度依赖于集聚经济的特性，在郊区又重新形成新的集聚（Hartshorn 和 Muller，1989；Stanback，1991；Garreau，1991）。

然而，上述这些研究都是基于西方城市，尤其是北美的城市。处于转型期的中国城市是否也会表现出这些规律和趋势呢？这其实是国际学术界长期讨论和争论的一个热点问题。多年来国内和发达国家的学者们在城市空间结构领域已经积累了大量研究，其中对中国城市空间结构研究的一个经常讨论的议题是：

中国城市空间发展是否存在一条特定的、有中国特色的路径，而这条发展路径究竟有什么样的特点（Wu 和 Ma，2005；Heikklila，2007）？

目前，针对这个问题在城市空间重构领域有两组相互对立的理论认识。一组学者认为，中国城市空间结构的演变趋势与市场经济体制下其他国家的城市类似，因为市场机制已经在中国城市中有序运行、配置各类生产要素（Wang 和 Zhou，1999；Ding，2004）。另一组学者则认为中国的城市变迁与西方城市完全不同，有着浓重的“中国特色”，因为政府依然主导着城市内部的空间格局及其演变趋势（Ma，2002；Wu，2003）。

事实上，中国的城市体系空间结构以及城市（尤其是大城市）内部空间结构的变化趋势部分遵循着发达国家城市的演变路径。在城际层面，十年来大城市依靠外来人口、资本投资和生产集聚，人口和经济产量变得更高一筹、更为集中（Zhao 和 Zhang，1995；Lin，2002）。同时在城市内部，人口和制造业的分散在中外学术研究中均有记载并得到证实（比如：Ning 和 Yan，1995；Ning 和 Deng，1996；Chen 和 Cai，1996；Garbaz，1999；Zhou 和 Ma，2000；Gao，2003；Chen，2004；Feng 和 Zhou，2005）。

然而，中国城市中空间集聚与分散的根本动力机制却不同于西方城市。在我国，与技术进步和社会重构相比，体制改革更能决定城市空间重构的动向（Ning 和 Deng，1996，136–140）。比如，财政体制改革为城市发展和交通基础设施建设提供了充足资金（Yeung，1996）；城市土地使用制度改革逐步形成了与西方相似的、租金空间梯度递减的土地、房地产市场（Ding，2004），并推动城市内部制造业的空间分散。因为原出于城市中心区的制造企业可以通过出售土地，搬迁至郊区而获得收益，也是所谓的“退二进三”（Zhou

和Ma，2000）；还有住房制度改革，使得城市居民必须通过房地产市场解决住房，但城市中心区昂贵的房价迫使很多居民迁往城市郊区（Wang和Murie，1999；Logan，2002）。

在本书中，研究致力于通过系统和全面地展示、比较与分析企业在中国最大的城市之一——上海的空间集聚与分散格局，从而探索中国城市内部空间重构的规律特点以及背后的动力机制。

具体而言，指导本书随后实证分析的主要研究问题如下：

（1）在上海，不同部门、不同所有制企业的空间集聚或分散过程形成什么样的总体分布格局？它们有何特征？相互之间有着什么样的差异？

（2）决定这些企业总体空间分布格局的区位因子是什么？这些区位因子在多大程度上影响着企业的区位选择，又是为什么能够影响企业的区位选择？

（3）在企业的区位选择过程中，他们与各级政府、各类劳动力以及上下游企业等其他机构是如何在一个制度框架下相互作用？政府和市场在这个框架中究竟谁为主导？

1.2 研究对象

本研究的核心内容是详细阐述上海的企业空间分布格局、演变过程及其背后的动力机制，从而呼应关于中国城市空间重构与西方城市发展路径到底是相似还是本质不同的这两大不同理论认识之间的争辩，并提供翔实的实证依据。

从理论框架出发，本研究的对象包括四个层次：①企业发展的宏观背景；②企业的空间分布格局；③空间格局所形成的区位影响因素；④空间格局形成背后的企业区位选择博弈进程。

为此，这研究包含了以下主要内容：

- 找出上海经济、政治和社会体系框架的主要变化，并理解其对企业发展的影响，为深入研究企业的空间区位选择行为奠定基础。
- 以空间集聚与分散为主线，描述上海不同部门、不同所有制的企业空间分布格局，并进行比较分析，从而揭示上海企业分布的空间结构及其特征。
- 通过定量分析，研究不同类型企业的区位影响因素，并对比不同类型企业之间的区位偏好，从而解释前文所发现的企业分布空间结构。
- 通过案例研究，探索在整体空间分布格局的背后，单个企业是如何和其他相关的各类主体之间相互博弈，从而理解政府和市场是如何在企业区位决策中发挥作用的。

本书中所涉及的关键术语定义如下：

1）城市内部空间结构

根据 Bourne（1982），城市内部空间结构具有两层含义：

（1）城市形态，即各类要素的空间分布格局，如土地利用的空间分布格局、居民的空间分布格局、就业的空间分布格局、企业的空间分布格局等等；

（2）体现在城市形态之中的各类要素相互作用关系，也就是在城市形态的背后，各类要素之间相互联系、流动、迁移等行为的规律。

换句话说，城市空间结构不仅是各类要素（居民、土地、企业等）的“分布示意图”，还包括“图”背后各种制度力量所定义的动力机制。本研究中，城市空间结构主要关注于企业的空间分布格局，以及与之相关的城市中各类要素的相互作用关系。

2）企业

企业常被描述为一组个体的集合，目的是获取经济利益（Coase，1937）。从法律角度来说，企业属于法人实体，它可以是合伙制公司、有限责任制公司、单位、政府组织等。

本研究中，企业被定义为任何在相关企业管理机构（例如，本书中是上海工商管理局）中所注册的公司、组织、机构或个人。在我国的转型经济体系中，企业不仅由私有部门组成，同时还包括了大量的公共部门（国有企业、政府机构、政党组织）。

3）全球化

简单而言，全球化是指经济或政治体系的国际一体化，以及国家之间相互依赖程度不断递增的过程。这一概念可以从多个角度诠释，如经济全球化、文化全球化、社会全球化和政治全球化等等。

本书重点关注的是经济全球化。从经济角度分析，本世纪以来的全球化沿着两条主线推进：贸易自由化（不断扩大的国际贸易）和金融全球化（快速增长的外商投资）。跨国企业是经济全球化的关键动力。在很大程度上，各个类型的全球化进程是通过跨国企业的运作和投资实现的。

1.3 研究意义

1.3.1 理论意义

学术研究上，本书试图填补现有城市空间结构和企业区位理论研究领域的相关文献中所存在的三处不足：

第一，现有城市空间结构的实证研究和理论探讨大多基于北美、西欧以及其他发达国家，而这些国家的城市大多已进入后工业化时期。当前对于城市化进程中发展中国家的城市理论研究依旧不足（Clark，2003）。

对于发展中国家城市的学术研究具有深远意义，不仅仅是因为世界上大多数的城市人口居住在发展中国家，同时也因为这类研究有助于验证理论界关于是否存在一条“共同的”城市空间发展路径的长期探讨（Shearmur 和 Coffey，2002；Wu，2003；Heikklila，2007），或者说不同时间点的城市空间结构是否与其经济发展阶段存在联系，并受其支配。

抽象的理论认识其实都会反映到具体的实物上。比如，尽管“发展中国家”的城市和“后工业化国家”的城市均存在人口和制造业的空间分散，或者说是郊区化（Lee，1989；Ning 和 Yan，1995；Ingram，1998；Zhou 和 Ma，2000），但是“发展中国家”城市的生活服务业和生产者服务业是否也进入郊区化阶段以及在何种程度上开始了空间分散仍有待观察。此外在发达国家的大城市中，正如“多中心主义”所叙述，生产者服务业以及企业总部在城市次中心重新集聚，这种现象是否同样发生在发展中国家的城市也有待研究。

本书选取上海为案例，研究的发现和结论将城市的空间结构与城市的经济结构相联系，而城市的经济结构又同城市的发展阶段，以及城市在区域、国家和世界城市体系中所扮演的角色及定位相联系。因此，本研究为理解发展中国家的城市空间结构提供新的视角。

第二，尽管有学者试图融合企业区位理论与城市空间结构理论（Fujita 和 Ogawa，1982；Lucas 和 Rossi-Hansberg，2002），但是有关城市内部企业空间分布格局的实证主义研究存在明显的不足，至少是与住房、地价、人口空间分布格局的学术研究相比。

形成这种现象的重要原因是相对人口而言，城市中企业空间分布的数据普遍缺乏，大多数研究仅能获得不同部门的非空间数据（Roberts 和 Murray，2002）。因此，即便城市内部企业区位选择及其分布格局对劳动力市场、居住房地产市场和通勤基础设施建设具有重要的影响力，但相关实证研究较为缺乏。

韦伯（Weber，1929）提出工业区位理论后，企业区位决策行为的相关理论逐步得以发展。最初理论中假设企业区位选择取决于交通成本的最小化，因此强调企业空间区位靠近原材料、劳动力和市场。廖士（Lösch，1954）在成本视角的基础上提出需求其实也是随着区位而变化，其理论对市场可达性的重视更适合于解释服务业的区位选择。

近年来，随着经济学中新经济地理（New Economic Geography，NEG）的兴起（Krugman，1993；Fujita，et al.，1999；Neary，2001；Fujita 和 Thisse，

2002），集聚经济的重要性被充分认识到，并被一些对城市内部企业空间格局的实证研究所证实（例如，Shukla 和 Waddell，1991；Waddell 和 Shukla，1993；Head 和 Ries，1996；Guimaraes，et. al，2000）。

然而由于数据所限，大多数企业空间格局的实证研究依然是基于城际尺度或者是全国尺度，严重制约了我们对企业空间区位选择行为的深入理解。因为集聚经济或者其他因素（例如靠近交易市场、劳动力市场）在不同的地理尺度（如城市之间、城市内部、国际区域等）对经济活动产生的影响并不相同（Marcon 和 Puech，2003）。同时由于城市内部相关研究有限，无法对比不同部门的企业区位偏好，从而无法更深入的理解企业的不同特性与其空间区位选择行为之间的联系（Hanse，1986；Wu，2000b）。

本书充分利用上海完整和详细的企业数据，利用 GIS 研究不同部门的企业空间分布格局。研究成果不仅有助于更好地理解城市内部的企业区位选择行为，同样有助于理解各种地理因素和集聚经济对不同部门企业的作用机制。城市经济是由不同部门所构成，因此本书的研究发现和结论为从城市经济结构视角来解释城市的空间结构提供依据。

第三，经济活动的快速全球化推动了学术界对跨国企业的区位选择行为及其空间格局的相关研究。目前有一些实证研究揭示了城市内部跨国企业和本国企业之间不同的区位选择方式和空间格局（例如 Grant 和 Nijman，2002）。然而当前文献中对这种差异背后的区位因子的研究却是寥寥。

大量文献指出，全球化逐渐成为影响世界城市格局的关键动力（Sassen，1991，1994；Pacione，2001；Clark，2003；Short，2004）。对跨国企业在城市内部的区位选择行为的实证研究，不仅有助于理解跨国企业和本国企业的空间分布格局，以及相关的房地产开发模式（例如外籍高管的奢华社区、外资企业的高档办公楼）等，同时有助于理解经济全球化所引导的城市经济结构转型对城市空间结构的冲击。本书通过对比本土和境外企业的空间分布格局及其区位选择因子，重点分析境外企业特殊的区位偏好，从而理解全球化在上海城市空间所留下的“印记”。

1.3.2 实践意义

在实践层面，本书在一定程度上补充了对我国当前城市中服务业空间分布的相关研究。尽管人口和工厂正在向城市外围地区转移，但中心城区仍面临着各类严峻挑战。很多挑战来源于过分拥挤的人口和经济活动，而这种拥挤程度无法通过西方现有的郊区化（空间扩散）理论解释。例如，高房价和交通拥堵成为中国大城市非常典型的两大问题，这两大问题都和服务业的兴起及其在中心城区的集聚紧密相关。

住房问题已成为三大社会问题之一（“新三座大山”[①]）。中心区的极端高房价是住房（土地）供给与需求之间矛盾的体现，是居住－就业空间不匹配的表现，一定程度上是未能充分理解服务业区位选择和空间分布格局的后果。以上海为例，其内环路内的房价远高于外环路以外的区域。2004 年一年中，内环路内房屋平均价格上升了 27.5%，至 2005 年达到 16149 元 /m^2，而外环路外围的住房价格仅为 4724 元 /m^2（SoFang，2006）。2004 年，上海人均可支配收入为 16683 元，这就意味着内环路内一套 70 平方米的住房需要一个三口之家 22 年的全部可支配收入。显然对于一个普通的上海人而言，中心城区的房价已无力承担。

交通拥堵在某种程度上也同样归咎于对服务业空间集聚过程认识的不足。上海市中心现有的城市基础设施无法满足新的服务业集聚所带来的大量需求。例如，1997 年底，上海城区仅有 8.8％的土地用于城内交通（上海规划局，1999），远低于大多数欧洲国家 20％～25％的比例（World Bank，1996）。上海中心城区道路网负荷明显过重，拥塞几乎不可避免（Shen，1997）。

中心城区的高房价以及交通拥堵等城市问题的出现，引起了对现有西方郊区化研究的质疑。按照西方郊区化研究的发现，人口和产业活动由中心城区向郊区持续转移，在空间上分散化。那如果经济活动均大量转移出去，为何中心区房价继续攀升，为何交通拥堵更加严峻？

本书将对这些问题进行阐释。研究揭示了改革开放后，我国大城市普遍出现了新兴服务业的大量集聚，因而必须需要建设更多连接中心和郊区地区的公共交通体系，才可能使人们在郊区居住，但更方便地通勤于中心城区。此外，土地利用规划的一些新理念也是解决问题的重要出路。比如“新城市主义”规划中的很多理念，像提升紧凑度、强化职住平衡、以公共交通为主导的开发模式（TOD）等等，均值得我国城市的规划师们学习和借鉴（Hutton，2004）。

除了空间政策，在产业政策方面本书也有一定的实践价值。尽管我国城市已经走出了长达 20 多年毛泽东时期的工业城市模型，但是现有的城市模型和规划实践依旧陷于工业化范式之中（Yang，2004），对服务业的研究明显不足。本书将对服务业的研究与制造业并列，提出上海工业化和服务业发展面临的问题和挑战。研究指出，上海如果想恢复 20 世纪 20 年代顶级世界城市的声势和地位（Murphy，1953），应采取并坚定执行更多有利于服务业发展，尤其

①其他两个问题是医疗和教育。

是先进服务业发展的政策，并以此作为产业现代化和提升竞争力的重要手段。同时，由服务业发展带来的经济结构转型也将引导城市空间结构由单中心向多中心形态转型。

1.4 全书框架

本书分为八章，整体架构如下图所示：

第一章介绍了本书的研究背景、研究问题、研究对象、研究意义以及全书的框架结构等内容。

第二章沿着理论和实证两条主线，对城市空间结构和企业区位选择相关研究文献进行综述。重点放在企业于城市内部的区位选择理论以及与城市空间结构的关系。通过梳理现有文献，发现国外大城市中各类要素（包括人口、制造业、零售、生产者服务业等）均有从城市中心区向郊区空间分散的趋势，与此同时高端的生产者服务业和总部则在郊区重新集聚。而企业区位选择的理论基础则包括新古典理论和制度分析理论。新古典主义通常倾向于通过定量方法，测量影响企业区位选择的影响因素。理论上，这些因素通常分为非均质性的地理因素和集聚经济因素。在制度分析的研究领域，通常利用案例分析解释企业区位决策过程中各类主体的相互作用关系，从而解释企业和其他相关主体（例如：劳工、政府）是如何在一个制度框架下运作。

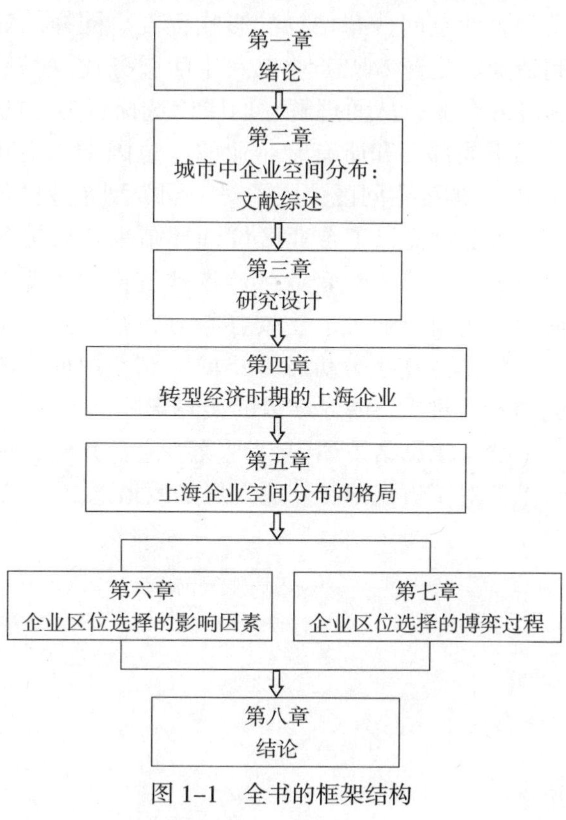

图 1-1　全书的框架结构

第三章介绍了研究设计，包括理论框架、研究范围、数据收集以及研究方法。本书选择上海市作为研究对象不仅是因为数据的可获得性，同时也因为上海是全球最大的工业化、全球化及转型化的城市之一。因此，研究结论也在一定程度上适用于其他的工业化、全球化及转型化的城市。

第四章中讨论了改革开放后上海企业所经历的各种转型进程，并介绍了城市内企业空间分布格局的场景，以帮助读者更好地理解之后的空间分布研究和相关讨论。论述的重点包括四个方面的背景：①企业发展的制度背景，包括权力分散化和市场化改革；②企业的部门背景，包括经济结构的变化以及服务业的发展；③企业的所有权背景，简要介绍了上海外商直接投资（FDI）、进出口以及跨国企业（TNCs）的发展情况；④企业的空间分布背景，介绍了上海城市土地利用的扩张以及现有文献中对郊区化的研究。

第五章介绍了上海企业空间分布的格局。首先采用密度梯度的方法来评估和比较企业空间分布格局的集聚程度。之后又通过两个层面，对企业空间分布格局的规律进行更深层次的研判：一是根据部门类型找出空间分布更为分散的产业部门，并分析其原因；二是根据所有权类型分组，检验境外企业是否于国内企业呈现相似的空间格局。实证分析的重点放在三个大类的企业上，分别是制造业、生产者服务业以及生活服务业。

第六章研究影响企业空间分布格局的区位因子，并评估它们对上海不同类型企业空间分布格局的影响程度。同样的三类部门是本章的分析重点，即制造业、生产者服务业以及生活服务业。每一个部门又更进一步划分成国内和境外企业，从而理解它们区位选择行为上的差异。研究采用多元回归方法，明确不同部门和所有制企业的区位因子（空间非均质性变量以及集聚经济变量），并测度不同区位因子对不同类型企业区位选择的影响程度。

第七章探讨了企业区位选择结果背后更深一层的互动过程和机制。本章通过五个案例，对企业区位选择过程中主要参与方的相互关系、互动过程和博弈能力进行研究。主要参与方包括企业、地产开发商以及当地政府，案例研究的重点在于分析各方不同的利益取向、决策过程中各方之间的相对议价能力及其对最终博弈结果的实际影响。

第八章总结了研究发现及结论。此外，也总结了本书对现有文献的若干贡献，对城市规划和产业发展的政策意义，以及对未来研究的建议。

2 城市中企业空间分布：文献综述

2.1 引言

作为文献综述，本章试图梳理国内外对城市内部空间结构以及城市中各要素的空间分布过程（集聚与分散）的实证研究和理论探讨。但这都是非常宏大的主题，所以本章的探讨重点将集中于城市内部空间结构以及企业区位选择这两方面理论的交叉领域。

前者旨在揭示城市内部经济活动的空间格局、形成过程及其背后的影响因素，这些因素并不仅仅局限于企业，而是包含了其他城市要素，例如人口、就业、土地利用等；后者旨在理解企业个体在面临非均质的空间表面、集聚经济以及不同制度体系中的区位决策行为，遗憾的是这一领域的经典研究大多集中于区域或城际尺度上，城市内部尺度的文献相对较少。

综上，文献综述将沿两条主线展开：城市内部空间结构以及企业区位选择，如图 2–1 所示：

在关于城市内部空间结构的文献回顾中，首先基于发达国家的相关实证研究对城市内部经济活动空间格局的演变进行探讨，揭示了各类要素（重点是人口和产业）的空间集聚或分散过程，并根据现有的城市理论总结这些空间格局演变背后的原因，此外还对当代全球化对城市内部空间结构的影响效

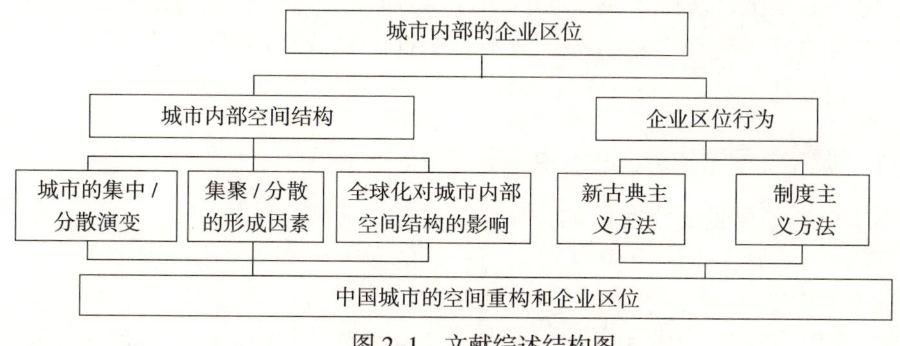

图 2–1 文献综述结构图

果进行了归纳。

关于企业区位选择理论主要有两类理论视角，即新古典主义以及制度分析方法。新古典主义理论中假设企业为“经济人”，并通过定量方法，利用不同空间因素建立企业区位选择模型；相反，制度方法更依赖于定性研究，解释企业及其他相关主体在区位决策过程中的相互作用（Hayter，1998）。这两种视角均有利于我们更好地理解企业的区位选择行为，因此本文将依次探讨。最后，本章也将对中国城市空间重构以及企业区位选择的实证研究进行归纳总结。

2.2 城市内部空间结构

长期以来，城市内部空间结构就一直是城市研究领域关注的主题（Bourne，1982；Anas，et al.，1998），这不仅因为它无处不在地影响着城市居民、家庭、企业、政府等各类要素的日常行为（Horton 和 Reynolds，1971），还因为它犹如各种行为在空间上的映射，反映着过去和现在城市中所存在的空间组织原则，以及居民、家庭、企业等各类要素的运行模式（Johnston，1977；Korcelli，1976）。

正因为城市空间结构能够反映城市内复杂多样的各类动力之间的相互作用，不同学科对城市空间结构的研究也形成各自相异、但同样经典的理论和分析方法。典型的例子包括：芝加哥学派在城市社会学领域内应用的生态方法（Burgess，1923；Park，et al. 1925；Berry 和 Kasarda，1977）；（Alonso，1964）、（Mills，1972）和（Muth，1969）在城市经济学领域中开创的土地市场（竞租）理论，以及（Harvey，1973）在人文地理领域引入的新马克思主义分析框架。

当然我们也必须看到，由于城市中各类要素、相互作用及影响机制的复杂性，每一个学科领域的研究都将城市这个“复杂巨系统”，针对特定的要点概念化、抽象化，从而聚焦于各自关注的重点。本研究重点集中于城市中企业所代表的经济活动空间结构，而不是由社会经济分层所形成的社会人口空间结构。

2.2.1 城市中要素的空间集中与扩散

1）城市中要素的空间扩散：从城市化到郊区化

西方学术界关于城市中要素空间扩散的研究已有几十年，研究的主题从“城市化”逐渐过渡到“郊区化”。在早期的经典城市著作中，城市化的核心为人口和工业集聚过程，中心城区视为城市的核心，郊区仅为“卧城”（bedroom communities）（Webber，1899；Burgess，1925；Unwin，1971）。

但经过 20 世纪 50、60 年代郊区快速发展，中心城区的人口和工业开始减少，并向郊区进行空间转移（Muller，1981）。1970 至 1975 的五年时间里，美国大都市区的中心城区人口减少了 1300 万，其中大多数转移到郊区地区（Berry，1976）。Berry 认为：这种人口的空间扩散（"逆城市化"）在美国城市发展史当中，意味着要素从空间集中向空间扩散转变的拐点（Berry，1976，p1，2）。

然而，描述和测量城市中空间集中 / 扩散程度并非易事。如果方法有偏差，则会直接扭曲人们对空间集中 / 扩散过程的理解。绘图或许是描述城市空间结构最基本、最直接的方式，但其难以在城市间进行对比和定量分析。此外，缺乏对城市 / 大都市区地理范围的精确定义也使得跨城市研究难上加难。例如，上文 Berry 所采用的是"逆城市化"、而非"郊区化"这一术语来描述城市空间扩散。这是因为他通过绘图手段发现，整个大都市地区人口减少并转移到非都市地带。

逆城市化的概念如今饱受争议，因为本质上逆城市化是指人们从城市地区迁往郊区地区，从而呈现城市和区域中的绝对空间扩散状态；而郊区化是指人们从城市中心区迁往城乡边缘地带，从而呈现一种城市尺度内的相对空间扩散状态（Hall，1984）。一个很重要的原因是美国当年对大都市统计区（metropolitan statistical area，MSA）的定义有所偏差，因此导致 Berry 低估了美国城市地域的扩张状况（Muller，1981），由此形成对城市郊区化的理解不当。为了应对这种情况，美国统计当局开始修改定义，认定传统大都市统计区的外缘，虽然缺少城市中心但已经完全城市化的郊区地域同样为城市化地区，纳入大都市统计区（Gottdiener 和 Hutchison，2000）。

就方法而论，密度梯度法是一种广泛应用于描述和测度空间结构的技术，其相对简单、便于操作，同时有利于跨时间、跨城市的比较（McDonald，1989）。密度梯度法起源于城市经济学中经典的竞租理论模型（Alonso，1964；Mills，1972；Muth，1969），或者说是 AMM 模型。该模型假设所有就业均集中于中央商务区（Central business district，CBD），同等条件下家庭的住房区位选择取决于至 CBD 的通勤成本以及住房成本之间的权衡。通勤费用较高的住户可以通过远离 CBD 地区，从而享受更低的房价以及更大的房屋；反之亦然。

以数学形式表达 AMM 模型，人口密度（或土地价值、就业密度）在城市内的分布可以表达为指数形式：$D(R)=D_0 \cdot \exp(a \cdot R)$，其中 R 代表至 CBD 的距离，D_0 代表城市中心的最高密度值，a 代表密度梯度，即至城市中心每单位距离的增大所带来的人口密度（或土地价格、就业密度）减少程度。A-M-M 三位学者所创的城市单中心模型，即人口、土地、就业距离城市中心密度衰减的空间分布格局，在不同城市、不同国家的大量实证研究中得以证实（Lusht，1997；Shearmur 和 Coffey，2002）。

然而，随着交通设施和通信技术的发展，距离城市中心密度衰减的格局变得不那么清晰，密度梯度也逐渐变得更平坦。Yeates 和 Garner（1971）发现，至 CBD 的距离这一因素对土地价值的解释力随着时间推移而逐渐下降。Atck 和 Margo（1998）利用纽约的数据发现，不单是租金梯度变得更平，回归方程的拟合优度也随时间而降低。Mills（1972）、Macauley（1985）和 White（1999）用密度梯度方法分别测算了制造、零售、服务、批发就业以及人口的空间扩散（或郊区化）态势，结果汇总在表 2-1 中。

美国 18 个城市密度梯度变化 表 2-1

年份	制造业就业	零售业就业	服务业就业	批发业就业	人口
1948	0.68	0.88	0.97	1.00	0.58
1977/1980	0.32	0.30	0.38	0.37	0.24
变化	53%	66%	61%	63%	59%

来源：White（1999），1376-1377 基于 Mills（1972）和 Macauley（1985）

值得注意的是在表 2-1 中，尽管就业和人口在此时段内的空间扩散显而易见，但其空间扩散的程度因部门而异。换句话说，城市中各类要素的空间扩散方式或者阶段不尽相同。城市人口的空间扩散最早被学者认识。Mills（1972）发现 1880 年至 1963 年间，美国四个大都市区的平均人口密度梯度，从最初的 1.22 下降到 0.31。这一结果表明人口的空间扩散（郊区化）可追溯到 19 世纪。

随着流水线生产方式的推广，以及城市间货运系统和高速公路网的建设，制造业也逐渐向郊区转移（Meyer 和 Gomez-Ibanez，1981）。这种空间扩散最初出现在二战后。因为制造业工厂、工人数量和工业增加值在城市中心与外围的比例关系在 1939 ~ 1947 年间大致不变，（Kitagawa 和 Bogue，1955）认为制造业的郊区化是二战后才出现的变化。到 20 世纪 80 年代，美国大多数都市郊区制造业的比重已经高于中心城区（Gottdiener 和 Hutchison，2000，p89）。在发展中国家哥伦比亚的两个城市波哥大和卡利（Bogota 和 Cali），（Lee，1989）同样也观察到了明显的制造业郊区化趋势。

随着发达国家进入后工业化阶段以及学界对服务业的研究越来越多，其郊区化也越来越受到关注。在向后工业化社会转型后，第三产业开始主导经济发展，并在经济体系中的比重越来越高（Bell，1967；Beyers，2002）。在学术研究中，服务业不再被认为是“并不重要的，因为不具有生产性”，或者仅仅是“第一和第二产业统计残留”的经济活动（Coffey，2000）。

（Singelmann，1978）的经典文献将服务业分成四类：①物流分配性服务业（例如：交通运输和仓储、邮电通讯、批发）；②生产者服务业（例如：银行、金融、保险、房地产、会计以及法律服务）；③社会性服务业（例如：健康、教育、福利、政府）；④生活服务业（例如：零售、住宿、餐饮、娱乐）。下文中将分别探讨生活服务业和生产者服务业的郊区化。

理所当然的是，生活服务业尤其是零售业的郊区化伴随着城市人口的郊区化而进行，因为这些行业的发展与本地人口的需求紧密相关（Christaller，1933；Berry，1967；Diamond 和 Noonan，1996）。1948 至 1954 年，美国大都市中心城区的零售业销售额增加了 15.8%，而郊区则增长了 44.1%，相对郊区化的趋势以及比较明显（Tarver，1957）。

在此之后，大型购物商场（Shopping Mall）在郊区大量兴起。它们主要位于高速路口处，其数量从 1960 年的约 2000 家至增加到 1980 年的 20000 家，增长了近 10 倍（Muller，1981）。到 20 世纪 90 年代，除休士顿（40%）以外，所有美国大城市的郊区零售业就业比重均超过了所在城市的 60%。在 Clevel 和、Detroit、和 SanFrancisco 等城市这一比重甚至达到了 80%。（Lee，et al.，2006）。

生产者服务业是为其他企业、组织或政府的最终产品提供中间产品的服务，是 Singelmann 的四类服务业中最为重要的一类。因为他们不但通过提供知识密集型的服务，以提高其他部门的生产效率，而且可以向其他国家 / 地区出口服务，从而不再是城市经济中的非基础部门（Coffey，2000，170）。实证研究同样表明，生产者服务业尽管不是经济活动中的最大部门，但却是发达国家就业中增长最为快速的部门（Daniels，1993）。

生产者服务业的郊区化同样开始发轫，其始于 20 世纪 70 年代（Bodenam，1989）。总体而言，在美国大都市地区，生产者服务业就业在郊区的增长速度高于中心城区。而生产者服务业中率先开始郊区化进程的子行业包括数据处理、后台配送、技能培训等，而起初仍然留在中心城区 CBD 的子行业包括法律、广告、会计、审计服务等（OhUallachain 和 Reid，1991）。

理论上，前者属于更加标准化、规范化的服务活动，有时也被称为“后台办公”活动。由于通信技术的进步，“后台办公”可以与主办事处和公司总部分开布置，它们也更倾向于搬迁至郊区以节约用地成本。与此同时，“前台办公”依然要求大量的面对面交流，因此仍然更倾向于坐落在城市中心（Coffey 和 Shearmur，2002）。

2）城市中要素的空间集聚："新郊区化"

到20世纪80年代后期，不少美国学者对"前台办公"郊区化展开更为深入的研究（Garreau，1991；Hatshorn和Muller，1989；Stanback，1991），并认为"前台办公"的郊区化标志着郊区化的一个新阶段——"新郊区化"。新郊区化之所以尤为重要，因为它在空间扩散中伴随着新的集聚，也就是说"前台办公"并非从城市中心区随机扩散，而是在新兴的郊区城市中心重新集中（Erickson，1986）。

在实证研究中，学者识别了洛杉矶县和奥兰治县的28个城市副中心（Giuliano和Small，1991），芝加哥大都市区的15个副中心（McMillen和McDonald，1998）和旧金山湾区的22个副中心（Cervero和Wu，1997）。这些城市副中心不仅极大地改变了其周边就业和人口分布，而且还推动了城市房地产开发模式的彻底改变（Gordon et al.，1986；McDonald和McMillen，2000）。

"新郊区化"的进程意义深刻，因为这是第一次在城市副中心产生既有总量规模又有多样化特质的集聚经济，而且所形成的集聚经济能够促进并维护着原先仅在中央商务区才能生存的经济活动类型（Stanback，1991）。例如，在亚特兰大，其两个郊区城市副中心有着比中央商务区更多的办公空间；在纽约，城市边缘的办公空间也高于整个曼哈顿（Garreau，1991）。

因此，Hartshorn和Muller（1986）将郊区发展分为四阶段：①20世纪60年代以前的卧城阶段，其主要动力是大规模的人口郊区化；②20世纪60年代的独立发展阶段，其主要动力是大体量购物中心（Shopping Mall）和工业园建设；③20世纪70年代的催化增长阶段，这个阶段郊区的就业规模开始高于中心城区；④20世纪80年代开始的高楼/高技术阶段，高技术、知识密集型企业被吸引到郊区新建的高级写字楼，其租金已经等同甚至是高于中央商务区的写字楼。可见，郊区的发展与郊区化阶段的演进紧密相连。这也从另一个角度反映了城市中生产服务业空间再集聚的过程，其主要的空间载体在郊区而非中心城区。

必须注意的是，尽管"新郊区化"或城市多中心模型反映了当今城市世界中最普遍的规律，甚至有学者号称"边缘城市"现象在"全世界范围内大量复制"（Gordon和Richardson，1996a；Garreau，1991），但也不能认为这是放之四海而皆准的真理。

例如在亚特兰大，尽管郊区城市副中心已经在某些方面超越中央商务区成为城市的零售业中心和公司办公中心，但以总体就业规模而言，中央商务区仍然是就业中心。此外，其通勤流和购物流表明整个大都市的空间格局，与其说是由各个相似城市副中心所各自主导的多个城区的结合体，不如说是由一群网络式分布的专业化中心所共同主导的复合型城区。

在蒙特利尔，Coffey 等（1996）发现城市的中央商务区仍然很强大，郊区的发展可能只是中心城区“溢出”效应的结果，而且其发展是伴随着中央商务区的专业化以及“后台办公”及其他非战略决策功能向郊区转移的过程。

在巴黎，Shearmur 和 Alvergne（2002）在针对高端服务业分布的研究中，发现其呈现出复杂的网络式格局，从而驳斥了关于郊区城市副中心的模式化解释，同时也证实了中央商务区在高端服务业中依然占据重要角色。

基于这些研究，Fujii 和 Hartshorn（1995）以及 Gordon 和 Richardson（1996b）提出了在城市空间结构的分析中，一定要区别“多中心性”（除中央商务区之外，还包括一个或以上城市副中心的空间结构）和“空间扩散化”（经济活动全面的空间扩散，并不存在所谓的郊区城市副中心）。这两个概念的区分十分有意义，因为它凸显了城市内部空间结构的复杂性。这种复杂性是城市中不同的向心力和离心力的共同作用下，不同要素相互组合所得到的动态平衡。

总体来说，20 世纪中城市的经济活动出现明显的空间扩散趋势，尽管空间扩散的类型与程度在不同城市和时段内有所差异（Ingram，1998）。基于对西方大城市的实证研究，简要地总结如下：

（1）19 世纪末人口开始空间扩散化的进程；

（2）自工业革命后曾一度占领城市中心区的制造业活动（Moses 和 Williamson，1967），在二战之后大规模从中心城区向城市郊区转移；

（3）同时，生活服务业也开始了郊区化进程以紧跟顾客，也就是郊区化的城市居民；

（4）生产者服务业的郊区化比较复杂，其中一些“前台办公”相比工业制造与生活服务业相比，具有明显的空间集聚特性，而其中的“后台办公”则有所不同。

在美国一些大城市，20 世纪 70 年代后“后台办公”活动开始扩散至郊区，而“前台办公”活动依然倾向于集中在中央商务区或者新兴的郊区城市副中心。当然，这种“城市多中心”理论须谨慎对待，因为还缺少其他国家和地区相关证据的有力支持。

2.2.2 空间集中 / 扩散的形成因素

1）离心力

现有文献中对推动城市要素空间分布扩散化的离心力进行了激烈探讨。根据（Mieszkowski 和 Mill’s，1993）的综述，对离心力的解释可以总结为两大理论派别。一派基于 Alonso-Mills-Muth（AMM）单中心模型所建立的“自然演化”观点（Alonso，1964；Mills，1967；Muth，1969）；另一派则是集中关注城市中心区的财政问题和社会问题，其代表是广为人知的“逃离破败中心城（Flight from Blight）”理论。

AMM 城市单中心模型表明家庭居住和企业的区位选择由竞租支付能力决定，支付能力越高可以选择越靠近城市中心、可达性越高的区位。此外，家庭和企业的竞租能力与通勤成本和收入紧密相关，由此可以阐释推动郊区化离心力的形成因素（O’ Sullivan，1996）。

一个重要因素是交通基础设施的改善以及小汽车的普及。因此，在单中心模型中，通勤成本大幅度减少，由此将影响居民的住房区位选择（Anas，et al.，2000；Glaeser 和 Kahn，2000）。轨道交通、公共汽车和城市道路的改善是使得郊区化更为普遍的重要因素，因为家庭和企业在郊区落户的通勤成本越来越小，从而为了更好的环境、更大的空间而选择远离市中心区。

高速公路网络的建设也是产生推动空间扩散离心力的重要因素（Stanback 和 Knight，1976）。美国的高速公路网络从根本上改变了空间可达性的格局，城市中心区不再是到大都市市场最具可达性的区域。与高速公路出口毗邻的郊区以其廉价的土地成本开始具有吸引投资的竞争优势，尤其是对于制造业这类进行流水线大规模生产而需要更大空间的企业来说。

近年来在通信技术方面的科技进步（例如因特网的广泛应用以及移动电话的普及）也从本质上减少了通勤成本。尽管这些技术进步的效力既作用于城市也作用于郊区，但其影响总体表现为空间扩散化，因为这些科技进步削弱了城市中心区所拥有的集聚经济优势，推动一些办公活动迁出中心城区（Bodenman，1998）。

此外，收入的增加也促进了郊区化，因为它导致了更高的住房需求以及更平缓的竞租曲线（Bid-rent curve）。早在 20 世纪 20 年代，经典芝加哥学派的伯吉斯同心圆模型即表明高收入群体或有影响力的阶级，倾向于住在更大的房屋，并且与工人阶级相比居住在距城市中心更远的地方（Burgess，1925）。二战之后，随着美国经济发展而带来的收入增长，使得越来越多的中产家庭出现，并大量迁往郊区。Margo（1992）利用 1950 至 1980 年的抽样数据，发现美国近 40% 的人口郊区化可以归因于家庭收入的增加。

如果说上一派理论主要探讨的是郊区的“吸引力”，“逃离破败中心城（Flight from Blight）”为代表的郊区化理论则将研究的重点置于城市中心区的“推力”。这一派理论指出城市中心区面临着一系列的城市问题，包括种族斗争、社会极化、犯罪、住房恶化、高税负、交通拥挤等（O’Sullivan，1996）。这些问题使得城市中心区成为一个生活质量低的危险地带，而另一端的郊区则越来越被视为安全、高质量的居住空间，从而“推动”有能力的城市居民向郊区搬迁。

大量的实证研究同样证实了城市中心区的各种问题是如何推动郊区化的进程。例如，Bradbury 等（1982）检测了 1970 ~ 1975 年 121 个大都市地区，发现那些旧房更多、税负更高、黑人更多的大都市地区经历着更加快速的郊区化；而且，一旦有经济实力的中产阶级开始撤离市中心区，会直接导致税源的减少、社区参与的削弱等后果，又将进一步导致城市中心区的恶化，成为“恶性循环”。

2）向心力

推动城市各类要素空间集聚的向心力主要来自于经济学家常说的“集聚经济”（Stanback，1991；Arthur，1994；Lucas 和 Rossi-Hansberg，2002）。根据经济学中的新经济地理（New Economic Geography，NEG）理论，经济要素空间集聚的形成及其发展归因于集聚经济，因为这种集聚的本身就能创造出更好的经济环境以支持和吸引更多要素前来集聚（Krugman，1993；Fujita 和 Thisse，2002）。

城市也可以定义为一个具体的地域，各种货物、思想、服务以及人口为了交换和生产在此地域上集聚。这种集聚反过来使得各方面都能够受益于经济活动的多样化和专业化。由此，城市的空间结构也可以视为各种城市要素（如人口、制造业、生活服务业以及生产者服务业）所形成的集聚经济在地理空间上的表现（Anas，et al.，1998）。

集聚经济的来源包括其他两个方面：规模报酬递增（IRS）以及区位的外部性。“规模报酬递增”通常用不可分割性（Indivisibility）来解释。很多经济活动只能进行大规模生产，因为其要么需要大规模的专业化机械设备，要么需要深度的劳动力分工。这种大规模生产无法分解为小批量产出，否则会导致经济不可行。因为边际成本和平均成本随着产出规模的增加而降低，更大的规模将带来报酬递增，并由此产生更大规模的空间集聚。

区位的外部性可以分解为三类：劳动力市场共享、中间投入以及知识外溢（Krugman，1991，36–54）：

（1）劳动力市场共享常以人口或就业密度衡量。通过在同一区位集聚，能够形成专业化技术共享的劳动力市场，由此会减少雇主 – 雇员搜寻匹配过程的成本，以及规避不确定的和不完善的市场风险。所形成的劳动力市场能使劳工和企业同时受益。

（2）中间投入反映了产业间的联系。在特定地域内（比如城市），企业间的后向和前向联系能够支撑本地更多的专业化供应商，深化分工，提升生产效率，从而增强企业集群的整体竞争力，反过来也增强了该地域的外部经济效益；

（3）知识外溢。知识，尤其是非正规、非正式、难以清晰描述的知识，因其难以转移而需要大量的面对面沟通，因此也加强了本地化的重要性。知识外溢是技术发展、产业创新的主要来源。

大量的实证研究也为这一集聚经济促进城市产业空间集聚的理论提供了支撑。生产效率与城市经济活动集聚之间的正向关系得到确定，同时也解释了经济活动从乡村向城市地区转移的合理性（Black 和 Henderson，1999；Krugman，1993）。Lee 等学者（2006）观察到相比中心城区，郊区的集聚经济增长更快，证实了郊区城市副中心自我强化的特性。

此外，随着交通运输和通信技术的发展，集聚经济的重要性不是在减少而是仍在增加，从而在更大的地理尺度上导致更强的经济活动集聚，推动了都市连绵区 / 城市群 / 全球城市 – 地区的形成（Scott，2001）。

在认识离心力（例如交通改善的因素）和向心力（例如集聚经济的效力）的基础上，经济学家提出了更多加强版的城市经济模型来解释城市副中心的出现以及城市空间重构（Lucas，2001）。

Fujita 和 Ogawa（1982）建立了一个非单中心模型，重点阐述了“竞租”和“区位潜力”两个概念。前者主要涉及通勤成本的考量，后者则引入集聚经济。模型的模拟结果表明，如果集聚经济远大于通勤成本，则城市表现为单中心；如果集聚经济和通勤成本均增加到一定程度，城市开始向多中心发展；如果集聚经济很低而通勤成本很高，则城市表现为混合土地利用。

Lucas 和 Rossi-Hansberg（2002）则提出了一个更广义的模型，证明了在简化的城市中存在着土地利用的均衡状态，而且商务活动也不再预先假定集中在城市中心。在这种均衡状态中，企业的土地利用决策反映了由于靠近其他企业而产生的外部经济效益以及员工由于更远的通勤而带来的成本二者之间的权衡。本质上这个模型证实了 Fujita 和 Ogawa 的想法。

将城市空间重构联系到通勤成本和集聚经济的变化，两个模型均能演绎出城市要素在空间上的扩散和郊区城市副中心的出现。此外，两个模型均强调了城市空间结构的复杂性，当条件改变时（例如交通基础设施、人口增长、生产技术进步等），城市空间可能正经历突变，从现有结构快速转型到另外一种。

2.2.3 全球化对城市内部结构的影响

尽管全球化对城市影响最好的例子是世界城市体系以及全球城市的出现（Hall，1966；Freidmann，1986；Sassen，2001），但其实全球化也同样在城市内部空间结构中留下印记，而且这种印记与各自城市在全球城市体系中所扮演的角色相关联。

1）在全球城市中的印记

全球城市的研究者们认为“世界 / 全球城市”作为国际经济命令与控制权力的决策节点，伫立于世界城市体系之中，并在城市功能、空间结构、生活质量以及城市景观等各方面具有区别于其他城市的独有特征（Hall 1966；Friedmann 和 Wolff 1982；Beaverstock，et al.，2000）。

本质上，正是全球城市中生产者服务业的集聚推动其形成“命令和控制”的功能（Sassen，2001）。随着制造业和常规服务业活动从“核心”向“边缘”地区扩散，对于大型跨国企业来说中央管理职能显得更为重要，因而也更依赖于能够提供外包支撑服务的生产者服务业。而这些生产者服务业重视面对面交流，受集聚经济支配，集中在全球尺度上的少数城市。正是它们的集聚给予这些城市“命令和控制”的权力，使之成为全球城市。

全球城市之中，尤其是其中央商务区，是大型跨国企业总部以及高端专业生产性服务业的集聚地（Marcotullio，2003）。这些企业的集聚推动高薪水的国际精英们在专业化、高端服务业的集聚，尤其是在金融、财会、广告以及法律服务领域的集聚（Knox，1995；Yeoh，1999；Hill 和 Kim，2000）。这些专业精英的集聚产生了一种高收入的生活方式，由此给城市社会空间带来冲击。全球化给这些全球城市带来的典型空间“印记”包括奢华居住区和“门禁社区”（Wu，2005）。

此外，全球城市中制造业就业的缩减导致大量传统的制造业蓝领失业，不得不从事低薪水、低基数的服务业岗位，例如保安、办公清洁工、护士等。与之相对应精英阶层的收入却随着全球化进程越来越高。最终，全球城市成为最富裕和最贫困的社会经济群体共存，且分异格局不断加强的社会结构，形成新的空间秩序。因此有学者称之为“二元城市”（dual cities）或“分裂的城市”（divided cities）（Mollenkopf 和 Castells，1991；Fainstein，et al.，1992；Walks，2001）。

2）在全球化城市中的印记

全球化城市这一概念的建立旨在拓展在城市研究领域对全球化的更全面认识，因为现有的“全球城市”研究并没有真正地达到“应有的全球性”（Short，2004；Grant 和 Nijman，2002）。全球化城市这个概念包含了发达国家和发展中国家的大城市，它们扮演着各自国家经济、政治、文化全球化转型的关键节点。

全球化城市概念的要旨在于去理解这个逐渐形成的世界城市体系中，单

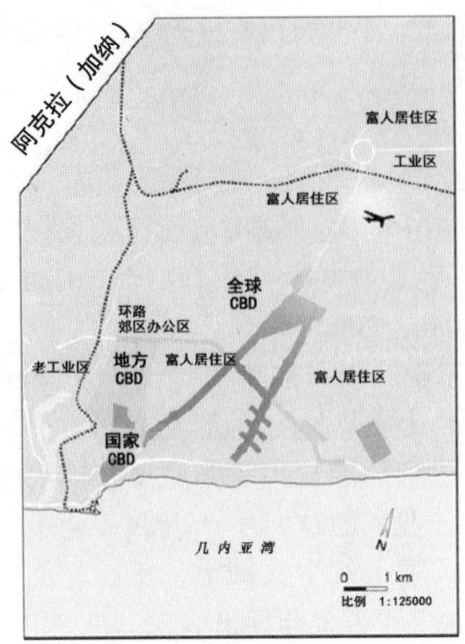

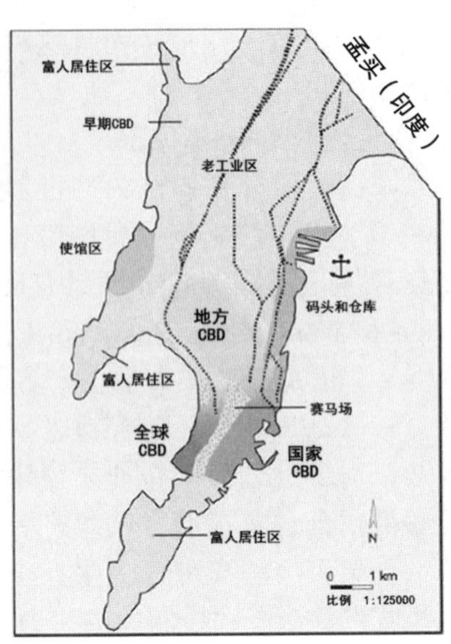

图 2-2 阿克拉和孟买的三层次 CBD

来源：Grant 和 Nijman，2002

个城市是如何受到全球化的影响，又是如何反作用于全球化。这和之前主流的全球城市研究不同，后者的重点是去理解一些少数城市是如何主导世界城市体系的等级结构（Short，2004）。

Grant 和 Nijman（2002）基于对阿克拉和孟买（Accra 和 Mumbai）两个城市生产者服务业的实证研究，对全球化时期两个城市服务业企业的空间结构进行了非常有趣的分析（见图 2-2）。他们发现了一个三层次（全球、国家、当地）中央商务区体系的出现，而其形成机制与两个城市相似的历史进程有关，包括殖民地时期、民族主义兴盛时期和全球化时期。基于对加尔各答（Calcutta）的研究，Chakravorty（2000）同样发现城市内部空间重构与其殖民时期、后殖民时期以及后改革时期在世界城市体系中所扮演的不同角色之间的联系。

制造业与全球化城市的联系更为紧密。通过详细研究全球尺度上的制造业分布，Markusen（1996）区分了四类在全球化背景下依然发展良好的产业区，它们如同“带黏性的地域（sticky places）”一般将在全球流动的各类资源吸附于自身区域。

第一类是马歇尔新产业区（Marshallian New Industrial District，NID），其企业结构由当地中小规模的私营企业所主导。企业之间紧密的相互作用产生了资本、劳工以及知识的专业化分工，从而极大地提升了产业效率。硅谷（Silicon Valley）是这类产业区中的经典案例。

第二类是轮轴式产业区（Hub-and-spoke District），其企业结构由区内一家或多家龙头企业所主导。这些企业大多是类似于全球500强的巨头企业，当地所形成的决策将对全球生产链产生影响。丰田城即是此类产业区的代表。

第三类是卫星产业平台（Satellite Industrial Platform），同样也由一家或多家大企业主导。然而这些企业并非本地企业，而是跨国公司，因此其决策是在产业区外所制定。第二类产业区更多的是在发达国家和工业化国家，而第三类工业区更多的是在发展中国家，主要形式是由当地政府设立的开发区、出口加工区或工业园区等。东莞和苏州的工业园很多便是第三类产业区

第四类为国家主导型的产业区（State-anchored Industrial District），政府的主要机构主导着该区域的经济体系。一些军事基地或是大学城属于此类。

2.3 企业区位选择行为

如前文所述，企业的空间集中/扩散过程是城市空间重构的核心。企业选择区位的方式，无论是否科学和合理，都与员工自身的福利和城市经济的健康发展有着重要关系（Chapman 和 Walker，1991；Laulajainen 和 Stafford，1995；Hayter，1998）。而且，每一个企业联系着若干个供应商、顾客、员工，他们也将在城市中活动并进行区位选择，这就意味着企业的区位选择行为将直接影响到城市中就业、人口、土地利用、通勤等的空间格局。"毫无疑问，影响当今城市空间结构变化的一个重要力量来源于企业，来源于企业内部以及企业间经济关系的改变"（Anas，et al.，1998：1427）。

自韦伯的工业区位论（1929）之后，有许多理论和实证研究推进了我们对企业区位选择行为的理解。总体来说，除了在严格控制的计划经济体系中，区位决策是企业自身职能所在。然而，企业的职能中包含各种不同的经济活动行为，例如组装材料、提供服务、控制生产线、分配产品、确保市场、处理竞争者等。企业如何行使这些职能可以从不同理论方式来理解（Machlup，1967），不同方式有不同的结果。这是理解企业区位选择行为的理论背景，而其中最广泛使用的方法是新古典主义方法和制度分析法。

2.3.1 企业区位选择的新古典主义方法

在新古典主义理论框架中，企业被假定为"理性经济人"，购买各种生产要素（如土地、劳动力、资金），并将其按照特定方式组合、加工，以实现利润最大化（Hayter，1998，p80）。在市场经济中，企业为获得能够带来额外利润的区位而相互竞争，直到达到空间的均衡，即特定部门中相同的企业在不

同区位创造同样的利润，企业便没有重新选择区位的动机。

因此在理论上，最终的企业空间分布格局代表着成本 / 利润分布的空间曲面。而这些曲面与特定区位的空间特性有关，这些特性可以分为两类：①空间的非均质性；②集聚经济。

1）空间的非均质性

空间的非均质性是一种天然优势，例如靠近重要基础设施（如海港、机场、高速公路等），这属于外部给定的经济因素。空间非均质性在新经济地理（经济学）文献中被称为“先天属性”（Krugman，1993）。

韦伯的工业区位理论（1929）中假设企业选择特定的区位，以最小化生产成本（包括交通运输成本、劳动力成本以及集聚经济），强调企业的空间区位要接近原材料、劳动力集中地和市场。廖什（Lösch，1954）将生产成本的角度延伸到不同区位的需求角度，因此更强调市场的可达性，其理论更适合于解释服务业空间分布。

史密斯（Smith，1971）更进一步地发展了韦伯的框架，并认为企业其实能在任何总收益超过总成本的区位边界中生存，用他的术语就是“边际收益空间”所定义的区域中生存，而不一定是成本最小化或利润最大化的那一个点。因此，企业区位选择是有弹性的，最终的落点也受到其他一些非量化因素的影响。

现有实证研究表明，由于空间非均质性，城市内部企业空间分布的变化确实存在（Hansen，1987；Lee，1989；Shukla 和 Waddell，1991；Waddell 和 Shukla，1993；Wu，2000b）。通过对达拉斯 – 沃斯堡（Dallas–Fort Worth）地区的企业空间分布格局进行建模分析，Shukla 和 Waddell（1991）证实了在企业区位决策中空间可达性的重要性。

在他们的研究中，可达性包括到中央商务区、机场、高速公路的邻近程度，但其对不同产业区位分布的影响力有所差异。在大多数产业中，尤其是对批发业，邻近机场对企业区位选择具有至关重要的影响；至高速公路的可达性对批发业、零售业和制造业来说具有一定价值；邻近中央商务区仅仅对金融、保险以及房地产企业（F.I.R.E）有重要影响。

针对发展中国家哥伦比亚的两个城市波哥大（Bogota）和卡利（Cali）进行实证研究，Lee（1989）证实了邻近中央商务区对于金融和商业部门来说非常重要。他们发现尽管其他产业总体呈现空间扩散化的趋势，服务业活动仍然呈现集聚形态。而两个城市中的制造业就业呈现强烈的空间扩散化趋势，几乎可以与美国大城市相比较。

通过对我国广州外商投资企业空间分布进行建模分析，Wu（2000b）发现到高速公路的可达性是吸引企业的重要因素，而至中央商务区的可达性却并非显著。这可能与大多数外资企业集中在制造业部门有关。

2）集聚经济

近年来，"集聚经济"越来越多地被用于解释企业区位选择（Krugman，1993；Fujita，et al.，1999；Fujita 和 Thisse，2002）。尽管集聚早在韦伯的开创性著作中即有所讨论，但在严密逻辑框架下对集聚的清晰描述是随着经济学领域中新经济地理（NEG）兴起后而逐步完成，并建立在坚实的微观基础上（Neary，2001）。

理论上，任何集聚或"向心"作用力都能提高特定地块的区位优势，从而使企业获益。它推动了经济活动的内部集聚，同时由于正外部（"后天属性"）的作用拉动其他经济要素于此处选址。这种正外部性可以是区位经济，促使在特定产业中的企业利用接近其他企业的区位优势，从专业化经济中获益；或者是城市化经济，促使不同产业间的企业利用接近其他企业的区位优势，从多样化经济中获益（Hoover，1937；Henderson，1997）。

对特定企业而言，无论是从事制造业还是生产者服务业，由产业集聚而产生的经济效益，或者正外部性的来源包括：

（1）由于更大市场规模（市场潜力）带来的规模经济；

（2）共同分享基础设施而带来的低成本投入；

（3）由于大范围的面对面交流而降低了信息交流和交易成本；

（4）由于更多的中间产品供应以及更快速地供应，使得最终产品更具多样性；

（5）由于大型多样化劳动力市场的存在而降低了劳动力培训成本和雇主－雇员相互搜寻成本（Henderson，1997）。

在近期的文献中，特定区位中企业所获得的知识外溢效益（或者说是动态外部性），受到更多关注（Glaeser，et al.，1992）。动态外部性一是来源于本地化经济，即本地相同产业的企业之间信息交流和沟通，二是来自于不同产业之间、多样化的产业体系之中所存在的信息交流和沟通（Jacobs，1969）。

从另一个角度出发，波特（Porter，1990）同样也强调了集聚经济的重要性。波特认为，"产业集群"可以有效地增强集群中企业的单体以及总体竞争力。基于一系列国际案例研究成果，波特提出大量相关企业和支撑企业的存在，或者说相关企业的空间集聚，是当地产业竞争力的关键决定作用。具体来说，他谈到了企业间的正式以及非正式的关联在推动合作、学习、改革以及竞争中的作用。

显然，新经济地理理论以及产业集群理论都说明，除了空间非均质性的传统因素之外，现有的“集聚”格局也对企业“最佳”区位选择和未来的“集聚”格局同样具有重要作用。

实证研究为证明集聚经济是影响企业区位选择行为的关键因素提供了大量证据（e.g. Scott，1981；Shukla 和 Waddell，1991；Waddell 和 Shukla，1993；Head 和 Ries，1996；Wu，2000b；Figueiredo 和 Woodward，2000）。Scott（1981）发现城市内部的企业空间分布格局因其属于知识密集型还是资本密集型而有所不同。前者倾向于在都市区劳动力市场中心集聚，因为他们更受集聚经济影响；而后者更倾向于在城市外围可达性相对不错，但地价便宜的区位。

通过测算人口潜能和就业潜能，Shukla 和 Waddell（1991）以及 Wu（2000b）分别通过对美国达拉斯－沃思堡和中国广州的实证研究，证实集聚经济在企业区位选择中的重要影响力。Shearmur 运用因子分析方法，发现不同部门的就业分布空间格局和行业内部联系紧密相关。在全国尺度上，Head 和 Ries（1996）以及 Figueiredo 和 Woodward（2000）对外商投资企业在不同城市之间的区位选择进行研究，发现集聚经济的影响十分显著。

然而，相较于关于住房和居住区位选择的研究在 AMM 模型之后的快速发展，企业区位选择领域的研究却由于数据的缺乏，尤其是缺乏城市内部企业的空间分布数据，而进展缓慢（Hansen，1987；Lee，1989）。通常认为，人口普查数据相比与企业数据更易获得（Hansen，1987；Roberts 和 Murray，2002）。

总体而言，区位理论属于新古典理论，因为它们由标准的经济假设和逻辑推演发展而来（Isard，1956；Machlup，1967；Hayter，1997）。虽然背后所体现的经济决定论广受批判，新古典区位理论作为理解企业区位选择的基础，对分析企业空间分布的格局仍然十分有用。

2.3.2 企业区位选择的制度分析方法

尽管新古典区位理论代表着“传统智慧”，但由于这种方法将企业区位选择过程视为“黑盒子”，忽视企业结构和商业环境，因而长久以来广受批判（Galbraith，1967）。在新古典主义方法中，所有企业都是相同的个体，它们通过将需求与供给的经济动力联系起来，实现利益最大化。相反，制度主义区位理论假设每个企业掌握不同资源的个体，它们根据不同的内部企业战略、外部商业环境，选择并影响区位选择的过程及最终结果（Galbraith，1952）。

在制度分析的理论框架中，企业处于现有的社会和制度双重“网络”中。该网络由社会文化、政治制度以及价值体系所决定，而不是个人“经济人”行为所能决定（Thrift 和 Olds，1996；Amin，1999）。

因此，企业最终的区位抉择是企业与其他机构在复杂博弈过程后的结果，而不是新古典理论中所谓的“边际收益空间”（Smidt 和 Wever，1990；Hayter，1998）。其他机构包括土地所有者、地产开发商、政府、工会等等。随着世界经济的变化，制度分析方法有助于我们从另一个层面理解企业区位选择，理解企业所嵌入的庞大、不断变化的“制度网络”的作用（Storper 和 Salais 1997；Martin，2000）。

大量实证研究解释了“制度网络”是如何在企业区位选择过程中，从企业结构与战略、市场运作、政府介入等各方面施加影响，在最终形成决策的过程中发挥作用（e.g. Krumme，1981；Kobrin，1987；Alvstam 和 Ellegard，1990；Laulajainen 和 Stafford，1995；Skūlason 和 Hayter，1998；Pellenbarg，et al.，2002）。区位选择过程中的利益相关各方通过协商和博弈影响企业，相互之间博弈能力的高低将直接决定企业的选址结果，尤其是一方的能力远高于对方时（Skulason 和 Hayter，1998；Yeung 和 Li，1999）。

参与博弈过程的不同参与方

1）企业

企业是区位选择博弈过程的核心参与者，最终的决策者，同时也是嵌入社会“制度网络”中的行为主体（North，1990）。他们可能拥有不同的企业战略，追求复杂、多样化的目标。例如，有一些追求资源的有效利用，而另外一些追求资源的可达性和可控性（Ahern，1993）；有一些追求快速增长，而另一些则寻求稳定、保证收入（Galbraith，1967）。

跨国企业（TNCs）以其相对更大的博弈能力及其对所在商业环境的长久影响力，是制度分析研究的重点（Smidt 和 Wever，1990；Skulason 和 Hayter，1998）。联合国报告指出跨国企业是经济全球化的关键动力，“我们生活在一个由跨国企业组织的、深度整合不断扩大的世界。其深度整合已经扩张到产品生产和服务，并增加了有形和无形的贸易（UNCTAD，1993:113）”。

Dunning（2000）确定跨国企业区位选择的特殊性。不同类型跨国企业的区位选择因其不同的企业战略而有所差异。根据他的“折中理论”，以跨国企业为代表的外商投资经济行为主要分为四类：

（1）以寻求市场、或以需求为导向的企业，进入外国扩大市场需求，实现销售增长；

（2）以寻求资源、或以供给为导向的企业，进入外国以寻求廉价、可获得并且可靠的资源以降低成本；

（3）理性和寻求高效的企业，试图推动更佳有效的劳动力分工或专业化，以提升生产效率；

（4）寻求战略资产的企业，偏向于保护现有所有制的特有优势（例如知识产权）或回应竞争者行动。

实证研究表明，跨国企业对地方制度背景更加敏感，尤其对于地方政府特别设计的优惠政策方面（Leung，1990；Wu，2000a）。例如，通过建设开发区成功地吸引制造业跨国企业，已经称为我国地方政府的重要手段。

2）政府

毫无疑问，政府在企业区位选择过程中扮演着重要的角色，因为他们通过制定本地、区域、国内或者国际尺度的公共政策，直接或间接影响到企业生产和消费几乎所有的方面（Johnson，1999）。即便在全球化时期，全球力量对日常生活的影响也同样是“通过层层的地方制度环境和法律、管理框架被部分过滤”之后，才发挥影响作用（Sassen，2001）。

在亚洲，发展导向型国家理论常被用于解释日本和亚洲四小龙的经济发展奇迹（Castells，1992；Johnson，1999），这些国家和地区的政府在发展过程中相比西方国家的政府扮演着不同的角色。发展导向型国家共同具备三大本质特征：首先，强势的国家官僚体制直接作用于发展进程。其次，这些官僚机构拥有相关资源（例如：法律、财政、政治等方面），因而能够在经济转型中发挥作用。再次，这些官僚机构相对于企业而言具有内生性、嵌入式的制度网络控制力。

在中国，在一系列经济改革开发政策实施之后，“社会主义政治型国家显然转向社会主义发展导向型国家”（Oi，1995）。鉴于中国仍然处于转型经济时期，中国现代城市转型由政府和市场相互作用而推动（Wu 和 Yeh，1999）。政府（包括中央政府和地方政府），以及市场（包括全球和本地市场）在城市发展进程中的影响力都是必不可少的（Han，2000）。

工会作为一个机构组织，工会同样在企业区位决策过程中发挥重要作用。在现有文献中发现，对于许多考虑投资的企业来说，或者说对于代表资方的企业来说，工会常常被视为负面力量，因为他们为高工资、高福利进行谈判，并组织罢工，在北欧一些福利资本主义国家中明显地“干扰”了企业区位选择的决策（Smidt 和 Wever，1990；Alvstam 和 Ellegard，1990）。

2.4 中国城市的空间重构和企业区位

2.4.1 改革开放和城市空间重组

1978 年以来，经济改革开放的一系列政策给我国社会经济带来了翻天覆地的变化。在社会经济发展中，城市所扮演的角色正发生变化，市场机制也逐渐开始影响城市人口增长、土地分配、住房供给方式、收入分配等各个方面，国家也开启参与世界经济的新模式。

城市越来越被视为经济增长的引擎，而非“资本主义寄生物”和“腐朽生活的代表”（Lo，1987；Naughton，1995）。农民逐渐从乡村中迁移，并大范围转为小城镇或大城市的非农村居民（Kwok et al.，1990）。房地产市场在城市规划、土地使用权自由交易、住房分配制度的改革后快速兴起（Walker 和 Li，1994；Wu，2001）。不同的经济阶层在中国社会开始出现，而之前平均主义的分配方式彻底消失（Bian 和 Logan，1996）。曾经一度闭关锁国的经济体系开始对外开放，其中最为显著的政策就是吸引 FDI 的流入（Xu 和 Li，1990；Victor 和 Yang，1997；Cartier，2002）。

这些新趋势导致了区域与国家层面城市体系的重组。中国的城市化水平从 1978 年的 17.92% 快速增长到 2000 年的 36.09%（Pannell，2002，1573）。以北京、上海、广州为主的大城市，在吸引经济活动和流动人口等方面十分突出，导致其平面二维以及立体三维空间的物质建设和开发（Garbaz，1999）。由于宏观政策上赋予沿海地区优先改革和发展的政策（例如经济特区、开放沿海城市、开放经济区），沿海城市的平均经济增长速度远高于内陆城市（Fan，1995；Lin，2001）。马润潮（Ma，2002）观察到中国出现的五个城市群中，有四个位于沿海地区。

总体而言，我国正从计划经济向市场经济转型，其自身的发展表现出很多发达国家已经经历过的特征和规律，但其国家历史、经济、制度以及人口的独特性产生了我国城市空间结构中特有的格局（Han，2004）。

2.4.2 中国城市内部空间重构

中国城市空间重构中最显著的变化在于由一个社会主义无阶级差异的结构向一个多样化市场差异的结构转变。1978 年以前，中国城市是行政管理和工业生产的空间地域。其土地利用格局一方面由规划原则中的功能协调性决定，比如居住区远离工业污染区，这些规划原则大部分向苏联学习而来；另一方面则由主要领导人所构想的以最小成本实现工业化的目标而决定，比如控制人口流动、压缩城市建设投入等。

因此改革开放前，我国的城市景观以单位混合制的空间形态为主导，就业与居住以土地混合利用的形式共存于占据城市主要用地构成的、大大小小的“单位”中（Lo，1994；Yeh 和 Wu，1995）。城市中心往往是标志性建筑、广场和政府办公机构，而不是商业中心或中央商务区。北京的天安门广场、上海的人民广场及重庆的人民大会堂均为代表。由于基础设施和住房很少获得投资，多数大城市拥挤、房屋破旧。国外也有许多研究针对所谓的社会主义城市，并有一些类似的发现（French 和 Hamilton，1979）。

这一切在 1978 年之后发生了重大改变。城市逐渐成为经济增长的引擎，是商务商贸的经济中心。中央商务区出现在许许多多城市的规划或建设蓝图中,以至于在某种程度上被媒体描述为“CBD”热（21 世纪经济报,2003.4（2））。高层次的商业中心重新出现，伴随着的是商贸企业和就业在城市中心区的发展和高度集聚。相关案例请见 Wang 和 Jones（2002）关于北京的实证研究。

改革之后，单位将其之前需要负责部分管理职能和生活服务职能外包于私有部门，这种情况下单位式土地混合利用制度不再重要（Bian 和 Logon，1996）。土地利用的方式从此依据土地价值的市场化逻辑而展开（Han，2000；Dowall，1993）。大型购物中心和商业带在传统中心和新兴郊区迅速发展；内城更新地区和城郊地区的商业房地产项目如雨后春笋，基础设施建设在城市的新旧城区也同时展开。

由于地价较低，大量的土地开发更倾向于现有城市中心区的边缘或邻近地区，形成所谓的城市扩张 / 蔓延。新的城市化地区也倾向于临近公路，特别是高等级公路（Sui 和 Zeng，2001）。这些越来越活跃的城市化地区之中包含着越来越明显的城市人口阶层化，最终导致了我国大城市中新的居住空间格局，比如“门禁社区”、城中村以及贫富阶层空间隔离（Gu 和 Shen，2003；Wu，2005）。

人口和工业的郊区化与中国城市空间重构尤为相关。利用 1964、1982 和 1990 年的人口普查数据而进行的实证研究表明，20 世纪 80 年代，众多中国城市（例如，北京、上海、广州、大连、沈阳、杭州）已经表现出人口郊区化的特征（Zhou 和 Ma，2000；Ning 和 Deng，1996；Chen，2004）。

例如，北京内城人口在 1982 到 1990 的 8 年间减少了 80000 人，人口密度减少了 1000 人 / 平方千米（Zhou 和 Meng，2000，26）。广州内城中，制造企业的比例在 1980 ~ 1989 年间从 38.37% 下降到 27.19%；而近郊制造企业在同一时段由 10.29% 上升至 15.29%（Chen 和 Cai，1996）。

这些实证研究证明中国城市进入了空间组织的新阶段——人口和工业的郊区化，或者说空间扩散化。Zhou 和 Meng（2000，27）认为推动中国郊区化的主要动力和国外并不相同，包括：①内城的再开发以及大规模基础设施建设所引起的拆迁人口；②新出现的土地和房地产市场将资本引向地价更低的郊区；③新的制度下可以获得更多的本地和外来资金用于城市开发。

同样，Ning 和 Deng（1996，136-140）认为，中国特色的制度改革是导致上海郊区化的主要动因。财政改革为上海城市的（再）开发和基础设施建设提供了更多资金来源；城市土地利用制度的改革使得内城的工业企业重新定位，倾向于卖掉土地而向郊区转移以获取土地差价；住房分配制度改革则将城市居民推向住房市场，而中心城区的高房价迫使居民向郊区搬迁。

2.4.3 外商投资企业的城市内部区位选择

由于数据的可得性问题，对中国城市内部企业区位选择的详细研究极少。文献中也有一些关于外商投资企业区位选择的研究，其中大多数以定性研究为主。这些文献大部分肯定了新古典经济理论体系对外商投资企业区位选择的解释，但也有部分强调对 FDI 的企业区位的解释必须考虑中国转型经济时期特有的制度背景。

例如，Leung（1993）将外国企业在全国尺度的不均衡分布归因于长久存在的“裙带关系”密度。Eng 和 Lin（1996）进一步深化了这一探讨，表明了社会网络的重要性——不仅作为前提而存在，也直接影响新生事物发展。社会网络的作用不仅关系到获得市场进入的渠道，同时也表现在与当地政府的交涉和博弈能力。Hsing（1996）同时也强调了台湾制造商与当地政府办公机构之间的“文化”亲和力。这些研究都对外商投资企业和当地政府的特殊关系提供了更深层次的分析。

自从“文化”的元素被强调以来，FDI 的区位选择似乎被认为是更依赖于议价过程而非其他给定的“空间”因素，因而变得充满随机性。其实，随着我国经济体系向市场经济转型，在城市内外商投资企业的区位选择行为与那些市场化主导经济的发达国家城市中可能变得更为相似，也更容易理解和确定。

2.5 小结

本章对城市空间重组和企业区位选择行为进行了文献梳理和总结归纳，为接下来的研究设计和实证分析提供了理论基础和实证研究的方法。

根据发达国家城市的发展经验，20 世纪人口和就业就开始在城市内空间扩散，尽管空间扩散的要素和程度在不同阶段有所差异。首先为了在郊区寻求更大的住房环境，人口开始空间扩散；接着制造业开始搬迁至郊区以寻求更大规模的工厂和更便宜的用地；生活服务业跟随居民郊区化也同样开始郊区化；之后，生产者服务业开始空间扩散化。

然而与此同时，一些服务业活动在新兴的郊区城市副中心集聚，从而反映出郊区也已经培育出能与中央商务区相竞争的集聚经济。交通运输的进步、收入的增加以及城市中心区的各种问题导致了城市的空间扩散过程，然而集聚经济则强化了城市中的集聚，也导致郊区新城市副中心的集聚。此外，全球化进程也同样在城市空间中留下印迹。

企业区位选择行为能够通过新古典主义方法和制度分析方法进行研究。前者通常以定量手法针对企业空间分布构建模型，分析中所涉及的影响因素包括空间非均质性以及集聚经济两大力量的作用；后者常通过案例研究来解释相关制度网络在企业区位选择博弈过程中的相互作用，并认为企业与其他博弈参与方（例如政府、工会、开发商）之间的相对议价能力决定着区位选择的结果。

3 研究设计

基于上一章的文献综述，本章建立全书的理论框架，从而指导实证研究的进展以及全书下文的结构，同时也介绍了本研究的对象范围、数据搜集以及研究分析方法等内容。

3.1 理论框架

本书中，最核心的研究猜想是：以企业分布为载体和代表的上海城市空间重构，是由多种动力机制的共同影响而最终形成。这些动力机制既包含与其他城市相类似的因素，也包括上海自身在发展转型时期所特有的因素。

更进一步来说，相似性的本源来自于人类相同的理性（例如企业选择最优区位的目的是获得利益），以及正逐步在中国城市中建立的市场机制；另一方面，特殊性的本源来自于上海的工业化和全球化阶段性，也来自于我国转型经济体系中残留的计划经济特征，以及政府干预社会经济的特殊能力和影响力。

本书的理论框架如图 3–1 所示，可以分为四部分，每个部分是根据第一章（参见 1.2 节）所提出的研究内容而展开，并分别指导下文中的第 4、5、6 和 7 章。

第一部分回顾 1978 年改革开放以后，上海行政、经济体制等各方面的重大变化，旨在为理解企业区位选择行为提供宏观背景。1978 以来，上海发生了翻天覆地的变化，其中市场化、第三产业化、全球化和城市郊区化与企业的区位选择最为相关。

制度框架下的市场化改革使企业能够根据自身意愿，而非政府引导进行决策，包括区位选择。同时，商品市场、劳动力市场以及土地资本市场逐渐建立，进一步将市场机制纳入企业区位选择的逻辑体系；同其他转型国家一样，上海经济结构的第三产业化不仅是城市经济增长的产物，同时也是从计

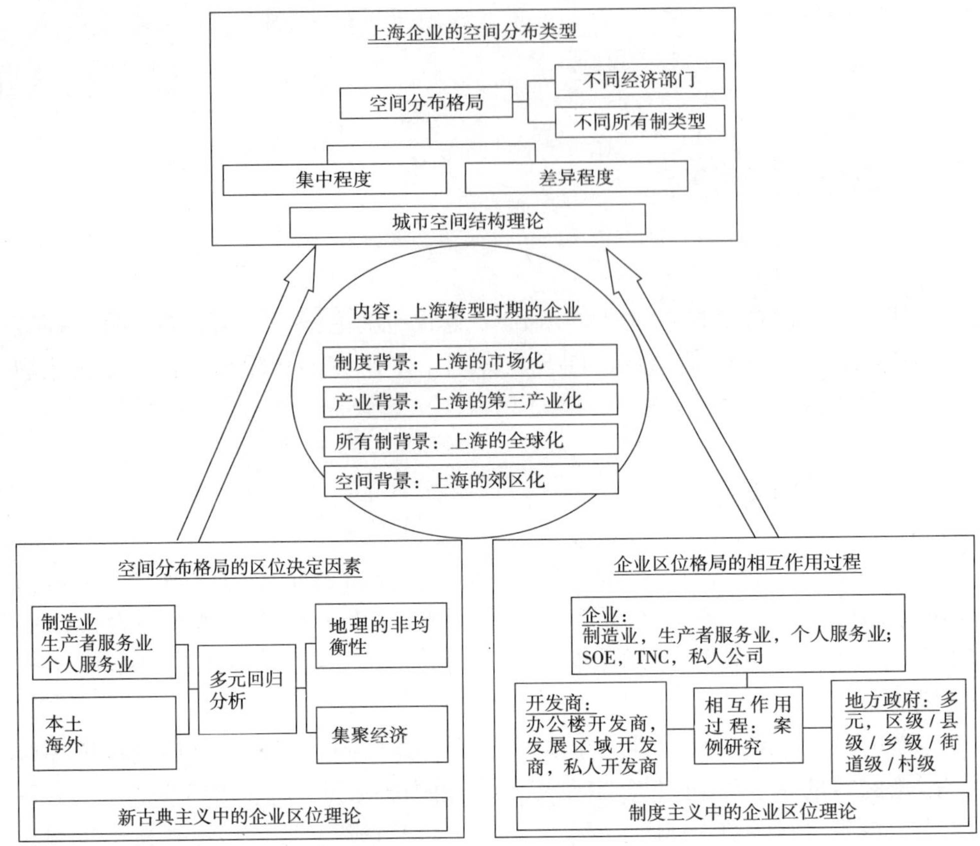

图 3–1　研究的理论框架图

划经济时期的“生产型”城市向“生产与生活”城市转型的结果[①]。服务业的振兴直接影响了企业的产业构成；在全球化进程中，大量的外商直接投资和跨国企业涌入上海，给城市的经济结构和企业的所有制结构带来巨大变化；最后，上海的人口郊区化也已经开始出现，城市空间结构发生改变，而这正是企业进行区位选择的空间背景。

第二部分通过 GIS 和统计方法分析上海企业空间分布的格局，旨在识别和对比不同经济部门和不同所有制类型的企业分布特征。此部分的理论基石是城市空间结构的相关研究。

具体包括两个核心的研究猜想：①不同经济部门的企业呈现不同的集中/扩散趋势，而这种趋势与部门特性相关；②跨国企业与本土企业呈现出不同

① 1978 年以前城市政策为“先生产，后生活”，而改革开放以后则采取“既要生产，又要生活”的政策。(Liu, 2004).

的空间格局，并且不同部门间企业分布的差异化程度不同。

第三部分利用多元线性回归，评估影响企业空间分布格局的区位因子，其理论基础是新古典主义中的企业区位理论。

研究中将通过两组区位因子的影响来解释三大类（制造业、生产者服务业和生活服务业）和不同所有制类型（本土和境外）的企业空间分布格局。这两组区位因子分别是空间非均质性和集聚经济。空间非均质性涵盖邻近基础设施（机场、海港、高速公路等）之类的先天属性，属于外部给定经济条件；集聚经济为经济机构（企业）之间的相互作用，而非经济机构和外部条件之间的相互作用（详见 2.3.1 节的文献综述）。

核心的研究猜想是不同部门或所有制类型的企业将呈现出不同的区位偏好因素，并最终与其整体的集中 / 扩散趋势保持一致。

第四部分通过案例研究分析企业选择过程中各机构的相互作用，其理论基础为制度分析方法下的企业区位理论。

核心的研究猜想包括：①企业的总体特征（例如产业部门、所有制的不同）决定其潜在的区位范围，然而企业的具体特征更能影响其最终的区位选择（例如企业规模、发展战略，甚至是管理者偏好）；②国有企业的区位选择依赖于政府引导，而跨国企业的区位选择主要受政府优惠政策的影响；③政府以“看不见的手”和“看得见的手”间接或直接的作用于企业选择过程，尤其是大企业的区位选择。

3.2 研究范围

本研究的重点集中于中国最大的城市——上海，主要原因可以归纳为以下几点：

（1）选择中国是因为中国作为近年来经济快速增长的发展中国家，具有很强的代表性。中国是世界最大的发展中国家，拥有全球约 20% 的人口。1978 年邓小平提出改革开放政策以来，中国正在逐步接近西方发达国家。以购买力评价法（Purchasing Power Parity，PPP）计算，1978 年中国的 GDP 仅相当于美国的 1/8、日本的 1/3；而 2001 年，中国已经发展成为世界第二大经济体，其国内总产值相当于美国的一半，并超出日本近 60%（World Bank，2002）。

中国的高速发展与拉丁美洲国家的发展停滞形成鲜明对比，也激发学界对“中国经验”的强烈兴趣。更有学者认为，基于中国发展经验的“北京共识”正逐渐替代西方国家发展经验的“华盛顿共识”，为其他发展中国家提供另外一条可供选择的发展路径（Joshua，2004）。

（2）选择上海不仅因为它是中国最大最发达的城市，同时因为它正处于朝向以市场为主导、服务为基础、全球一体化的经济体系为目标而进行城市重构的阶段（更详细的内容将在第4章探讨）。

上海是长江的入海口（“上海”的名称本身就意味着“在海上”），是理想的港口。优越的地理条件使上海在20世纪20年代成为“亚洲最大的港口和城市”，远东真正的“世界城市”（Murphy，1953）。1949年后，上海依然是新中国最大的工业中心之一，其税收一度占据全国的六分之一（Yeung，1996）。如今，上海正成为中国崛起的象征，在国际市场中具有举足轻重的经济地位。有学者认为，上海将在一二十年内赶超香港，成为中国的产业和金融中心和新的“全球城市”（Yusuf和Wu，2002）。

整个研究区域如图3-2所示，包括上海2005年的18区（黄浦、长宁、杨浦、闸北、普陀、卢湾、静安、宝山、徐汇、虹口、闵行、浦东、嘉定、南汇、奉贤、

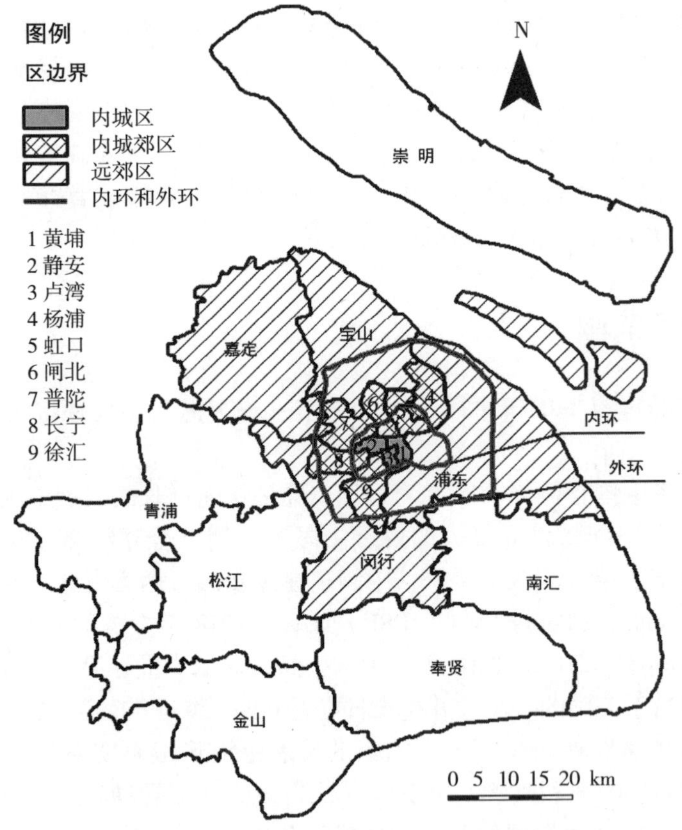

图3-2　上海市行政边界图（研究区域）

来源：上海测绘勘察院，2005b

金山、松江、青浦）和1个县（崇明）。基于各区县社会经济发展状况及其相互之间的经济联系（Hu et al.，2000；Ning 和 Yan，1995），可以将上海市域分为四类，如图所示：

（1）内城区，包括黄浦、静安、卢湾三个历史区；

（2）内城郊区,包括6个与内城区联系最为紧密的城市地区,即徐汇、长宁、普陀、闸北、虹口、杨浦；

（3）外围郊区，包括浦东、宝山、闵行、嘉定；

（4）远郊区县，包括金山、南汇、奉贤、青浦、松江、崇明。

同时，也可以根据上海内环路和外环路这两条重要的环城高速路，将城市分为三大区域：内环路之内的区域，内环路与外环路之间的区域，以及外环路之外的区域。

虽然在此 GIS 图中显示了上海的大型岛屿，包括崇明岛和宝山区所有的两个小岛，但由于它们与上海本土分离，因此将其排除在空间数据计算和回归分析之外。

3.3 数据收集

全书研究过程中所搜集的数据可以分为五类，其中一手数据包括上海企业数据库、上海邮政区和行政边界的 Shape 文档、实地调查与访谈资料，而二手数据包括由政府发布的宏观经济数据、普查数据（例如：人口普查、经济普查），也包括官方文件、档案以及未发布的报告。

1）上海企业数据库

本文用到的微观企业数据库来自于上海市的工商行政管理局（Shanghai Administration of Industry 和 Commerce，SHAIC）。上海市工商行政管理局是上海市政府下设单位，主要负责企业注册和市场监督。依照法律，在上海选址的企业必须在上海市工商行政管理局进行注册后方能进行商业活动。注册时需要填写以下基本信息，包括企业名称、邮政编码、地址、电话号码、所属产业、所有制类型。此外，企业也需参与年度审查，并更新信息。

本研究所使用的企业数据库是上海市工商行政管理所记录的2005年数据库，其包括截止2005年3月底，在沪注册的573949家企业信息。数据库中，产业类别使用的是国家统计局定义的四位数代码，本文用前两位代码用于将原有的1047个四位数子类重新分组到88个大类。在本文中，产业（sectors）仅仅是指第一产业、第二产业和第三产业；大类（Sub-sectors）是指4位代码重新归类到2位代码后的88个大类；门类（Sectoral groups）是指由大类组成的主要产业部门，例如：制造业门类包括汽车、仪器等制造业大类，生产者服务业门类包括了金融、房地产等生产者服务大类，生活服务业门类包括了零售、餐饮等生活服务业大类。

当然必须承认，该数据库也存在一定局限性，包括信息准确度、缺乏企业规模以及时间跨度信息等。首先，由于企业生命周期的波动性，难以保证数据百分之百的精准。根据公开出版的2004年年度企业注册检查报告（www.sgs.gov.cn，2005），至2004年底在上海登记注册的企业有597515家企业，而仅有503771，也就是84.3%的企业参加年检。事实上，一些企业仅因单个项目或交易成立，有的甚至是进行非法活动。这些企业将在短期内退出市场，从而影响登记注册数据库的准确性。

此外，该数据库并未包括有关企业的规模信息，无论是人员规模还是资金规模等相关信息，这意味着在分析中难以区分大型企业与小型企业。而且，数据库中提供的是在一个特定时间点的数据，因此我们无法通过该数据检验企业在一段时间内的变化趋势。尽管如此，考虑到上海庞大的企业数量，采用抽样等其他办法可能带来更多的偏差，本研究选择接受和利用该数据库，但同时在分析中注意到它的局限性。

2）上海邮政区和行政边界的Shape文档

上海邮政区和行政边界的Shape文档主要用于空间分析。研究以邮政区为基本空间单元。在多样化、复杂的企业区位选择分析中，邮政区是数据分析的最佳尺度，比街区尺度更能形成城市经济活动的精确空间分布格局，比具体地块尺度相比具有更好的研究可操作性。邮政区的数字化绘制是基于由上海测绘院2005年出版的《上海市社区地图集》（见图3-3）。

值得注意的是，上海的邮政区并非一成不变。为便于管理，邮政区基本与最低级别的行政管辖单元相一致，例如市区的街道办、乡村的乡镇。当行政单元以合并或撤销的形式进行调整时，邮政区也相应变为更大的区域。

本研究中，邮政区包括242个基本单元，面积从0.96km^2到108.2km^2，平均面积为25.7km^2。最小的邮政区大多数位于内城，而最大的邮政区大多数位于城市远郊区县。

3）实地调研

本研究的实地调研分为两大阶段。第一个阶段于2005年7月至10月间开展。调研中进行了大量面对面的半结构式访谈（见表3-1）。访谈对象包括经济技术开发区（例如虹桥、张江）的办公人员、城市规划局的政府官员、当地和全国高校的教授（包括北京大学、华东师范大学、统计大学、上海交通大学）、部分企业（包括本土和境外企业）的高管、房地产市场顾问（包括

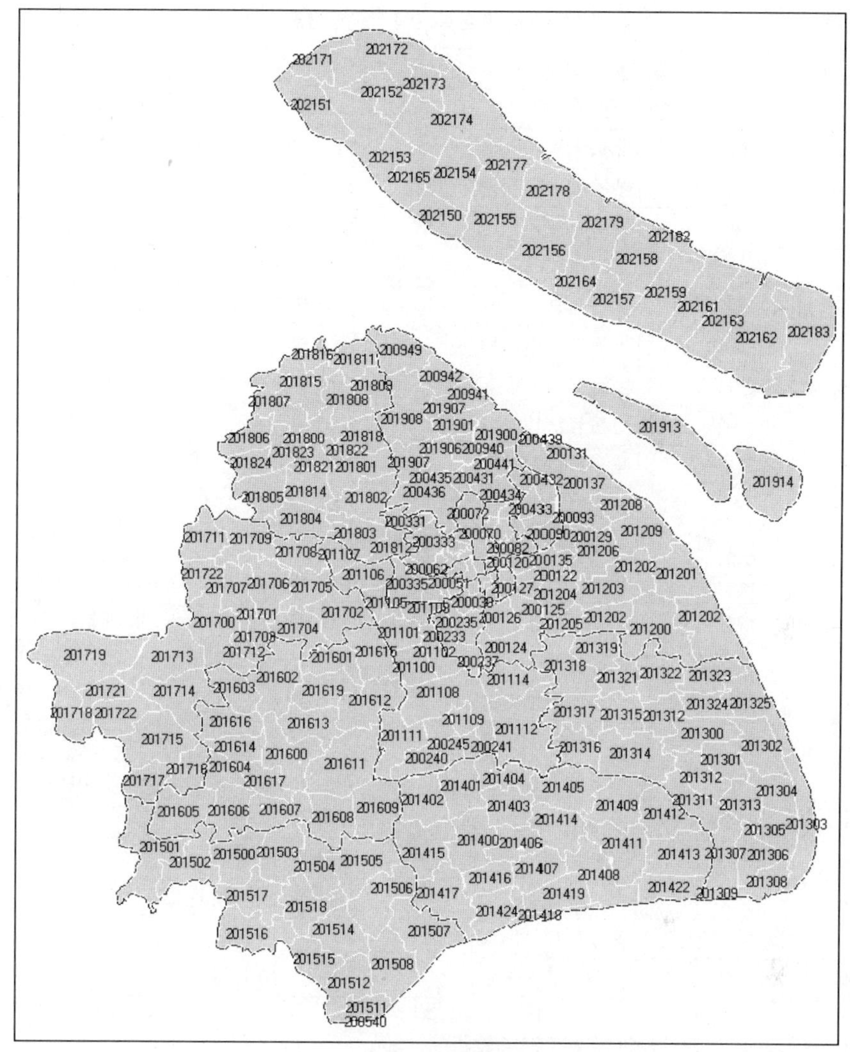

图 3-3 上海邮政区（2005）

来源：上海测绘勘察院，2005a

搜房和仲量联行）以及来自于规划企业和研究机构的专家。

第二个阶段是在 2006 年 9 月后，为在第 7 章中更深入地进行案例研究，又先后以电子邮件、MSN 以及电话访谈等方式，对 5 名企业管理人员或员工、2 名房地产开发商以及 1 位政府官员展开一系列更为详细的访谈。

总体而言，访谈的目的在于：①了解上海当地的基本情况；②与当地专家建立联系，以便搜集其他一手资料；③深入理解企业区位选址过程中各参与方的相互博弈机制，从而进行更深入的案例研究。

部分受访者名单及其相关信息　　表 3-1

受访者			日期
姓名	职位	企业 / 工作单位	
周 ××	教授	北京大学	2005 年 7 月 29 日
陈 ××	规划师	中国城市规划设计研究院	2005 年 8 月 3 日
汪 ×	主管	搜房企业	2005 年 8 月 5 日
高 ×	办公人员	上海市统计局	2005 年 8 月 9 日
彭 ××	教授	同济大学	2005 年 8 月 12 日
刘 ×	办公人员	上海市城市规划局	2005 年 8 月 13 日
樊 ××	副教授	上海交通大学	2005 年 8 月 14 日
朱 ××	主管	虹桥经济技术开发区	2005 年 8 月 20 日
宁 ××	教授	华东师范大学	2005 年 8 月 21 日
周 ××	主管	金山经济技术开发区	2005 年 8 月 22 日
李 ×	副经理	蒙泰咨询企业	2005 年 8 月 24 日
史 ×	经理	伊顿广告企业	2005 年 8 月 26 日，2006 年 10 月间
罗 ××	规划师	RTKL 规划企业	2005 年 8 月 27 日
王 ×	规划师	同济规划院	2005 年 8 月 28 日
赵 ×	规划师	李祖原设计事务所	2005 年 8 月 30 日
李 ×	博士生	华东师范大学	2005 年 9 月 5 日
王 ×	顾问	仲量联行	2005 年 9 月 14 日，2006 年 10 月间
董 ×	员工	上海申安纺织企业	2006 年 9 月间
吴 ×	副经理	瓦克集团	2006 年 10 月间
陈 ×	办公人员	浦东区政府	2006 年 10 月间
张 ××	高层管理人员	张江高科技园区	2006 年 10 月间
成 ×	高层管理人员	芙蓉中心开发商	2006 年 10 月间

4）社会经济统计数据和普查数据

本研究搜集了上海区、县、开发区的总体社会经济数据，包括地区生产总值、外商直接投资、人口、进出口等。其中大部分的社会经济数据可由当地统计局出版的统计年鉴中获得。

此外，1990 年和 2000 年进行的第四次和第五次人口普查数据有助于研究上海人口分布的空间格局；2006 年 11 月公布的第一次经济普查数据则包含很多行业的企业信息，虽然基本上是非空间的信息。

5）官方文件、档案以及未公开发表的报告

本研究搜集了上海政府制定的经济和城市发展相关政策，以及上海总体规划的官方文件，并辅之以档案以及其他公开发表或未发表的报告信息，包括行业咨询报告、规划报告以及学术或非学术出版物等。

总体来说，本研究所搜集的数据资料具有两大局限性：

（1）缺少详细的就业空间数据。就业数据在了解城市空间重构方面，与企业数据同等重要。其实2004年上海市政府开展了其第一次经济普查，这是在较小空间尺度上（例如街道办、邮政区）上获取就业数据的惟一可能来源。但尽管区级的就业数据于2006年11月公布，街道办尺度上的数据却从未公开发布，笔者也无法获取。在这种情况下，笔者只能将上海工商管理局所获取的企业数据库作为主要分析对象，将企业空间分布的格局作为研究目标。

（2）缺少20世纪80年代早期的一手企业数据库，因此无法清晰判断当时的企业空间分布格局及之后的演变过程。在20世纪80年代早期，上海企业数据库的资料由于当时不同的经济体制和管理手段，而完全不可比较。比如上海工商行政管理局当时根本就没有民营企业可管理，也缺乏现代信息技术统计当时的企业信息，根本就不存在企业数据库。因此，本研究同样搜集了大量二手资料，其大多数来源于国内学者对上海的既有研究。

3.4 研究方法

由于城市是复杂的巨系统，城市研究需要采取多种研究方法。本研究倾向于结合两种方法来理解城市：“调查”城市以获取抽象认识；“体验”城市以获取感官认识（Ethington和Meeker，2002）。

具体而言，作者通过对一手和二手的统计数据进行“调查”来理解城市；同时居住在上海半年以上，通过访谈和实地观察等方式“体验”城市。具体的分析技术包括GIS操作、空间统计、回归分析以及案例研究。

3.4.1 GIS操作

按照GIS模型方法论的划分，本研究采用的是松散耦合的方法，基于GIS技术建立城市模型（Sui，2001）。其实，关于微观空间数据的处理很难不通过地理信息系统（GIS）的帮助完成。本研究以ARCGIS 9.1软件及www.jennessent.com的相关补丁为基础，综合运用其他GIS技术，包括空间配准、地理编码、面积和距离计算。整个数据处理包括四个主要步骤：

第一步，空间校准。在具体操作中，首先需要对数据集进行校准，因为它们基于不同的坐标系统和地理单元。例如，企业数据库的空间属性是基于邮政区，而人口数据是基于街道办。此外，其他空间因素（例如机场、高速公路、经济技术开发区、新镇）的信息也是通过不同数据来源而搜集到，因而需要校准。这些空间校准通过由 ESRI 企业推出的 ARCGIS 9.1 软件包中的空间校准工具完成。

第二步，数据匹配。这指的是创建、修改和整合已搜集到的数据集，包括企业库存、人口、基础设施（高速公路、机场等），将其录入相对应的 GIS 数据库，并进行数据匹配和整合。

第三步，地理编码。根据邮政编码和街道办名称对企业、人口数据库进行编码。同时利用各种软件测量邮政区和街道办面积，计算企业和人口密度。

第四步，测量邮政区、街道办之间的两两距离，以及这些空间单元到高速公路的最近距离。如果没有 GIS，测量工作将非常繁冗。这些所得到距离和面积数据是下文空间统计和回归分析的前提条件。

3.4.2 企业空间格局的测量

正如城市空间结构的定义中所介绍（见 1.2 节），我们可以从多个视角来分析空间格局（例如土地、人口、就业和企业）。尽管大多数研究认为，企业与就业呈现不同的空间格局，但企业格局和就业格局一样也是反映城市内部经济活动空间分布的有效视角。事实上，没有研究证明哪种视角更好，就如同无法判定 10 家从业规模较大的企业是否比 100 家规模较少的企业表现出更强的经济活动集聚效益。而且在直觉上，企业密度分布与就业密度分布存在较高联系，尤其是在同一产业。综合考虑研究目标和数据资料搜集的局限性之后，本研究选择着重分析企业空间分布的格局。

为描述上海企业空间分布的格局，本研究选取了三种定量方法，分别是密度梯度、Moran's I 指数以及相异性指数，其中密度梯度为重点。

1）密度梯度

测量城市空间结构有多种方法，其中最为普遍运用的是密度梯度，用于测量要素向城市中心集中的程度（Anas，1998，见 2.2.1 节）。由于本研究的主题是理解在城市内部各种类型企业在城市化和（新）郊区化进程中的集聚与扩散程度（见 2.2 节），因此确定密度梯度为主要的分析方法，用于准确测量和归纳各不同类型企业的集聚程度。

通常情况下，密度梯度通过负指数函数计算。这种计算方法主要运用在土地价值（DiPasquale 和 Wheaton，1996）、人口分布（Clark，1951；McDonald，1989；Wang 和 Zhou，2000）以及就业分布等方面研究中（Glaeser 和 Kahn，2000）。

计算函数为 $Yx=a\exp(bX)$，其中 Yx 代表距离城市中心 X 处的企业（或人口）密度；a 和 b 代表各自模型中需要估测的参数。b 为企业（或人口）密度随至中心距离的增长而下降的比率，即为密度梯度。

2）Moran's I 指数

Moran's I 指数用于确定企业的空间集聚程度。当 Moran's I 为正时，意味着相邻单元有相似的属性，因而存在空间集聚；而当 Moran's I 为负时，意味着负的空间自相关关系，即为空间扩散。（Longley et al.，2001）

Moran's I 全局指数的定义是：

$$I(d)=\frac{N\sum_{i=1}^{N}\sum_{j=1,j\neq i}^{N}w(i,j)(x_i-\bar{x})(x_j-\bar{x})}{\left[\sum_{i=1}^{N}\sum_{j=1,j\neq i}^{N}w(i,j)\right]\sum_{i=1}^{N}(x_i-\bar{x})^2}$$

$$\bar{x}=\sum_{i=1}^{N}x_i\Big/N$$

如果空间单元 i 和 j 相连，则 $W(i,j)=1$；

如果空间单元 i 和 j 不相连，则 $W(i,j)=0$。

其中，x_i 为 i 单元的变量值。

局部层面，空间自相关通过 Moran's 局部指标测量。Anselin（1995）开发一种空间自相关局部指标（local indicators of spatial autocorrelation，LISA）。LISA 用于检验研究区域的局部空间集聚程度。

单元 i 的 Moran 局部指数的定义为：

$$I_i=z_i\sum_j w(i,j)z_j=\frac{x_i-\bar{x}}{\frac{\sum_{j=1}^{N}x_j^2}{N-1}-\bar{x}^2}\sum_{j=1}^{N}w(i,j)(x_j-\bar{x})$$

如果空间单元 i 和 j 相连，则 $W(i,j)=1$；

如果空间单元 i 和 j 不相连，则 $W(i,j)=0$。

其中，x_i 为 i 单元的变量值。

z_i 是 x 的标准化形式。所有 Moran 局部指数之和等于 Moran 全局指数。

LISA 集聚图的形成需要两个步骤：第一步是计算 Moran's I 局部指数的显著性水平。由于空间自相关的存在，Moran's I 局部指数显著性检验采用条件置换方法（Anselin 2003，16–18）。技术上说，计算结果对模拟总量和显著性水平的选择非常敏感。本研究选取了 999 个样本并将显著性水平定为 5%。

第二步是根据 LISA 重要程度将邮政区分为四组。完成这步需要将每个重要的空间单元分别放入 Moran 散点图中四个象限中的一个。散点图中，纵轴为空间滞后值（相邻区域值相乘得到的空间权重总数），横坐标为原始值。为便于分类，所有的值事先进行标准化。右上角的象限为高－高邮政区，即高密度邮政区表现出与邻接高密度邮政区显著（正）的空间自相关。左下角的象限位低－低邮政区，即低密度邮政区表现出与邻接低密度邮政区显著（正）的空间自相关。左上角的象限位低－高邮政区，即低密度邮政区表现出与邻接高密度邮政区显著（负）的空间自相关。右下角的象限位高－低邮政区，即高密度邮政区表现出与邻接低密度邮政区显著（负）的空间自相关。

3）相异性指数

相异性指数用于分异研究，尤其是社会分异，主要用于测量在区域内两组地理要素分布的不均衡性。指数得分越高，意味着分布越不均衡，或者相异性越大。相异性指数的基本计算公式如下：

$$D=\frac{1}{2}\sum_{i=1}^{N}\left|\frac{a_i}{A}-\frac{b_i}{B}\right|$$

其中，a_i 和 b_i 为组 a 和组 b（例如本土企业和境外企业）在地理单元（例如邮政区）的数量；A 和 B 为这两类在大的地理实体中的总体数量，因而计算这个实体的相异化指数（例如上海市）。然而，简单的相异化指数并不能反映地理单元的空间属性，因为它们并未考虑空间信息。因此，有更多研究相继投入努力，以加入空间信息（例如毗邻、长度、形状、面积）（见 Wong，1993 的相关研究）。

经过多次修改，Wong（1993，2002）提出了新的相异性指数模型，公式如下：

$$D(s)=D-\frac{1}{2}\sum_{i}\sum_{j}w_{ij}\left|Z_i-Z_j\right| \quad \frac{1/2\left[(P_i/A_i)+(P_j/A_j)\right]}{MAX(P/A)}$$

$$W_{ij}=\frac{d_{ij}}{\sum_{j}d_{ij}}$$

其中，d_{ij} 为单元 i 和 j 的交界长度；Z_i 为单元 i 内较小一类（例如：境外企业）的比重；P_i 和 A_i 分别为单元 i 的半径和面积。

3.4.3　多元线性回归

回归分析是研究变量关系、确定关系系数大小的主要手段。回归假设变量间关系的最佳估计是一些参数的线性函数，尽管实际变量不一定呈现线性关系。多元线性回归是一种统计方法，通过线性等式对选取两个或两个以上变量关系进行建模。实证研究部分将介绍每个回归的更多细节，例如因变量、自变量、自相关检验结果、t 检验、R^2 的相关定义。

3.4.4 案例研究

案例研究是社会研究的重要方法（Yin，2003）。首先，案例可以代表相似的情节，也是对现有理论命题的具体验证。其次，案例研究通过全面观察而理解案例，有助于从现象中获得深入见解。在定性研究中，案例研究被广泛运用于企业区位选择的制度分析，并在其发现的结论和理论更新中得到肯定。

4 转型经济时期的上海企业

4.1 引言

本章回顾了1978年后上海进入快速经济转型时期的企业的发展，旨在为了解企业空间分布的格局提供宏观背景。本章将重点强调四个维度：

1）权力分散化及市场化改革的制度背景，此时的企业可以真正得由自己进行区位选择，而不是由政府来进行决策；

2）第三产业化的产业背景，这也意味着上海服务业的振兴，企业产业类型发生重大变化；

3）全球化带来所有制背景的变化，在上海随着跨国企业的进入，企业所有制结构发生重大变化；

4）企业区位决策的空间背景，包括上海城市建成区的扩张以及人口和制造业的郊区化。

4.2 上海的市场化：制度背景

4.2.1 权力分散化

1978年以前，中国保持着高度集聚的政权结构，上海市政府对城市发展的作用极其有限。中央政府不但控制地方政府的管理权力，同时也控制着经济中所有重要的权力，从生产、流通、分配到消费。在高度集聚的政权下，地方政府相对被动（Wang，1988），缺乏寻求发展的动力，从而导致经济效率低下，经济发展缓慢。

1978年以后，中国开始改革中央政府和地方政府的管理和财政关系。地方政府被授予了更多的自主管理权力，例如价格控制权、工资调整的权力、审查和批准固定资产投资项目的权力、外贸和外汇管理的权力等。权力的分散化激发了地方政府寻求发展的主动性。

在之前的集中化政权结构中，上海承担着非常重的财政负担，是中央政府的“现金奶牛（cash cow）”（Ho 和 Tsui，1996）。上海一个城市曾经为全国的财政收入贡献了六分之一（Yeung，1996）。1949 至 1983 年间，上海高达 87% 的财政收入上交中央政府。剩下的收入仅能支撑市政府的日常运行，只留下极少的资源用于自身发展的投资。

1988 年，经过一系列努力协商，上海市成功获得了更多的财政自主权。当年中央政府和上海达成协议，上海市在上交中央财政收入的基准线（105 亿元）后，对其剩余的财政收入和财政支出拥有自主权。在此之后，市政府终于有更多资源投入资金到城市建设中。

6 年后的 1994 年 1 月 1 日，中央政府正式采用中央政府和地方政府的分税制财政体系。新的财政体系明确国家和地方税收之间的界线，建立了一套正式、固定的分配体系。财政支出同样也根据管理职能划分。在分税制体系下，上海具有独立的税收来源以及清晰的支出职能，从而促进其寻求自身的经济发展（Cheung，1996）。

权力的分散化不仅有助于为地方经济发展提供财政激励，而且还赋予市政府更多的经济发展职责。相应地，市政府与区县之间实施类似的财政分成政策。通过这种方式，市政府和更低一级政府逐渐改变自身行为，积极推动当地经济发展，从而谋求更多的财政收入（Zhu，1999b）。

在上海，市政府、区县、乡镇政府和街道办都对城市发展具有重要作用，各级政府职责在政府行政组织框架中有清晰界定，即所谓的“二级政府，三级管理”。二级政府为市政府和区政府，三级管理是指两级政府再加上第三级街道办的管理。这种组织架构确保市政府和区县政府在城市发展进程中的领导角色，两级政府与底层的街道办，负责城市日常管理（Shanghai Almanac of Urban Planning，1998）。在这个组织框架中，区政府具有一整系列管理权力和职责，从规划、公共事务的维护、开发项目的批准到产业管理等（Yeh 和 Wu，1999）。

同时必须注意到，城市发展中各级政府关注的重点并非完全统一。例如，在城市中心区的再开发中，区政府更关心减少成本、提高经济产出、提升土地利用强度；而市政府更关心减少市域层面的交通拥堵，并期望减少过度集约化和土地利用强度（Fu 和 Somerville，2001）。在这样的行政组织框架中，所有的市、区 / 县、镇 / 乡政府和街道办的政府行为都将影响着企业行为，包括辖区内的企业区位选择行为。

4.2.2 市场化改革

随着行政权力从中央政府向地方政府的转移，经济体系中的命令和控制权力也从政府向市场转移。如今，政府和企业之间的关系已发生根本性变化，企业决策基本上是基于市场机制，而不是由政府主导。

城市中市场化改革的标志性事件是 1984 年 10 月，中央政府通过“经济结构改革的决定”。该决定将经济改革的重点由乡村转向城市，从农民转向从事第二三产业活动的企业。该决定中，国有企业（SOEs）通过政企分开而被赋予了更多自主权。企业合同责任制允许管理人员与员工工资弹性化，并将其与企业效益挂钩，替代了之前政府负责分摊国有企业所有收益、成本和责任的体制。该决议同时引入市场机制分配资源，在一定程度上放开对商品价格的监管。

对应于中央政府的决议，上海市政府也采取市场化改革的“四配套”方案，包括：①拓宽企业自主权；②建立主要官员责任制；③废除员工奖金限制；④允许员工工资与企业经济效益挂钩（Shanghai Almanac of CCP, 1998）。1995 年，中央政府启动了“现代企业体系”改革，进一步清晰定义所有制形式，目标是建立有效的企业管理结构，推动国有企业向现代企业转型。

企业体制改革的重点不仅仅限于国有企业，同时也包括非国有企业（Ming 和 Zhang，1999；Yang 和 Xia，2001）。尽管国有经济依然是上海经济中的主要部分，但是非国有经济正在发展壮大。上海国有部门经济占 GDP 的比重自 1978 至 2005 年在持续减少。1978 年，上海国有经济占 GDP 的 99.0%，1990 年占 95.4%，而到 2005 年，国有经济比重为 57.6%；而非国有经济占 GDP 的比重从 1978 年的仅仅 1.0%，上升到 2005 年的 42.4%（上海市统计局，2006）。显然，国有部门不再主导着上海的经济发展。

非国有部门兴起的另一个证据就是固定资产投资中比例的变化。如图 4-1 所示，国有经济在固定资产投资的比重从 1993 至 2005 年持续下降。1993 年，国有投资比重大约为三分之二，剩下的三分之一为外商投资和本土私营经济

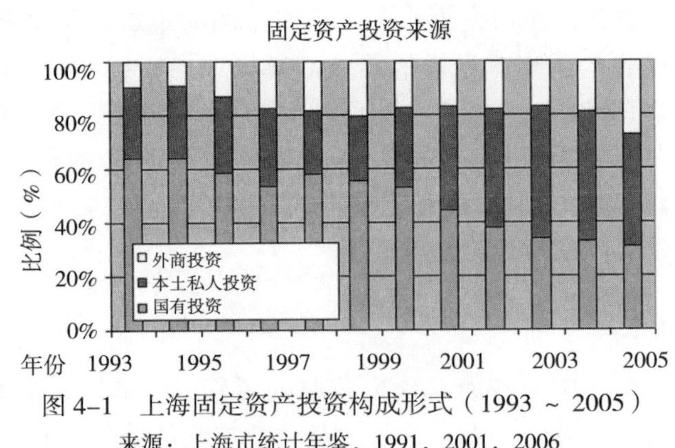

图 4-1　上海固定资产投资构成形式（1993 ~ 2005）

来源：上海市统计年鉴，1991，2001，2006

的投资之和；到 2005 年，国有经济、外商投资以及私营经济投资几乎均为三分之一。其中，外商投资从 1993 年的 8% 显著增长到 2005 年的近三分之一。

在允许商品、劳动力、资金、技术以及房地产等经济要素进行自由贸易和交换的市场机制逐渐建立后，政府和企业的关系从根本上发生了改变（Han，2000）。土地市场和房地产市场在 20 世纪 80 年代早期开始逐步形成，当时中央政府提出土地使用权制度的改革并选择包括上海在内的若干城市率先实施，这些市场的建立直接影响到企业的区位选择行为（Fu，et al.，1999；Zhu，1999a）。

1986 年，上海市政府第一次收取土地使用费，并在 1998 年举行中国第一次土地转让的国际招标。至 20 世纪 90 年代，上海土地市场已经完全建立，土地使用权已从所有权中分离，并可以通过私人协商、谈判或拍卖等方式交易。1991 年，市政府启动住房制度改革，废除了先前的免费住房分配制度，并将城市居民推向住房市场。其他类型的地产市场也逐步建立，比如商业地产市场、办公地产市场、制造业地产市场等等。

市场化的改革和土地房地产市场的建立，使得上海的企业在进行区位选择行为时遵循着与西方国家城市中相似的逻辑框架：花钱买地，价高者得。

4.3 上海的第三产业化：产业背景

4.3.1 上海产业结构的第三产业化

1978 之后，上海的第三产业或服务业在城市经济中的地位越来越重要，产业结构的第三产业化明显。

1978 到 2005 年第三产业化的过程在表 4–1 中通过产业结构比例可以清晰地呈现。第一产业占 GDP 的比重由 1978 年的 4.0% 下降到 2005 年的 0.9%，同时第二产业比重也同样从 77.4% 下降到 48.6%。相反，第三产业比重从 18.6% 上升到 50.5%，成为上海经济最重要的组成部分。第三产业的详细情况将在下文讨论。

如表 4–1 所示，上海第一产业比重一直很小，并在 27 年间进一步大幅下降。事实上，由于城市建成区的扩张，大量的农村土地转换为制造业、商业或居住用地。在 1978 至 2005 年间，上海的农业用地从 3601km^2 减少至 2373km^2，减少了 34.1%。尽管在 2005 年，上海第一产业增加值为 80.3 亿元，是 1978 年的 8 倍，但其占 GDP 的比重减少至不到 1 个百分点。由于第一产业仅占经济总量中很小的一部分，下文将不对其进行太多分析。

1978 到 2005 年间，上海第二产业比重由 74.4% 下降到 2002 年的 45.7%，

上海三大产业结构比例（1978 ~ 2005）　　表 4–1

	地区生产总值 GDP		第一产业		第二产业		第三产业	
	（百万元）	（%）	（百万元）	（%）	（百万元）	（%）	（百万元）	（%）
1978	27.28	100	1.10	4.0	21.11	77.4	5.08	18.6
1980	31.19	100	1.01	3.2	23.61	75.7	6.57	21.1
1985	46.68	100	1.95	4.2	32.56	69.8	12.16	26.0
1990	78.17	100	3.42	4.4	50.56	64.7	24.18	30.9
1995	249.94	100	5.98	2.4	141.94	56.8	102.02	40.8
2000	477.12	100	7.67	1.6	220.76	46.3	248.69	52.1
2005	915.42	100	8.03	0.9	445.29	48.6	462.09	50.5

数据来源：上海市统计局，1996，2006

2005 年又回升至 48.6%（见表 4–1）。2005 年，第二产业增加值为 4453 亿元，是 1978 年的 21.1 倍，年均增速 12.0%。同时，传统劳动密集型支柱产业（例如：纺织、服装等）被资本和技术密集型的六大支柱产业替代。

上海的六大支柱产业包括汽车制造、电子和通信设备制造、装备制造、石油加工和化学品制造、钢铁工业以及生物医药。2004 年，上海这六大行业的工业总产值为 8324 亿元，占到了第二产业总产值的 64.6%；从业人员为 953600 人，占到了上海市的 39.9%。此外，这些行业的总收入占全市的 52.4%（见表 4–2）。

1978 至 2005 年，上海第三产业占 GDP 的比重从 18.6%上升到 2002 年的 52.9%，之后又下降到 2005 年的 50.5%（见表 4–1）。2005 年，第三产业增加值达 4621 亿元，为 1978 年的 91.0 倍，年均增长 18.2%。1992 年 10 月，中共中央总书记、前任上海市委书记江泽民同志在党的第十四次会议上，提出

2004 年上海六大支柱制造产业发展状况（单位：10 亿元）　　表 4–2

部门	工业总产值	销售总额	资产总计	利润总额	税收总额
电子及通信设备制造	316.5	313.7	259.1	12.2	3.2
汽车制造	125.0	124.4	113.6	20.0	8.0
石油加工和化学品制造	136.9	135.8	115.3	10.0	7.0
钢铁工业	105.8	106.4	120.4	16.7	5.6
设备制造	124.8	122.0	162.9	7.8	3.2
生物医药	23.4	22.9	33.2	1.9	1.3
占上海市比重（%）	64.6	64.6	58.8	68.4	52.4
总数	832.4	825.1	804.3	68.7	28.2

数据来源：上海市统计局，2006

党中央决定“尽快将上海建设成为国际经济、金融、贸易中心之一”。

为响应这一决议，上海市政府也制定了“优先发展第三产业，调整优化第二产业，稳定发展第一产业”的“三二一”产业发展方针，进一步大力推进第三产业发展。1992 年，第三产业固定资产投资达 140 亿元，比上年增加了 55.3%，同年也是上海第三产业的固定资产投资首次超过第二产业。至 2005 年，第三产业固定资产投资达到 2455 亿元，约为当时第二产业的 2.3 倍（上海市统计局，2006）。

4.3.2 上海服务业发展

计划经济时期，政府控制包括生产、分配在内的重要事务，几乎没有对服务业企业的需求。1952 至 1978 年间，上海第二产业占 GDP 比重从 52.4% 上升到 77.4%，而第三产业比重则从 41.7%下降到 18.6%。

生产者服务业的情况更糟。例如，非国有银行和其他私营金融机构被勒令禁止，金融保险业总体大幅度萎缩。在这种情况下，1952 至 1978 年间金融保险业的固定资产投资由于规模太小，甚至无法在统计数据中得到反映（Gao 和 Luo，2004）。

1978 年后，第三产业同样得以蓬勃发展。但其中一些传统部门的发展仍相对缓慢，在第三产业中的比例也有所下降，其替代者是新兴的现代生产者服务业。前者包括交通运输（1990 至 2005 年从 23%下降到 9%）和商业（1990 至 2005 年从 20%下降到 17%），后者包括金融和房地产业（见表 4–3）

作为经济活动的新兴产业，生产者服务业在现代经济体系具有至关重要作用（Daniel，1993），需要深入探讨。然而，正是由于生产者服务业是新兴产业，没有连续的统计数据来揭示其总体发展状况。因此，金融保险和房地产业将作为下文重点。

上海金融保险业的实质性发展是在 1990 年中央政府提出的浦东大开发之

部分第三产业增长情况（1990~2005） **表 4–3**

	1990（百万元）	比重（%）	1995（百万元）	比重（%）	2000（百万元）	比重（%）	2005（百万元）	比重（%）
第三产业	24.18	100	102.02	100	248.69	100	462.09	100
交通运输	5.53	23	10.95	11	17.23	7	32.49	9
商业	4.75	20	19.86	20	43.14	19	60.92	17
金融	7.11	29	24.55	25	68.50	30	74.17	21
房地产业	0.38	2	9.13	9	25.17	11	62.26	17

数据来源：上海市统计局，1996，2006

后。1990年12月，上海证券交易所的建立是上海金融产业发展的一个里程碑。同时，中央政府建立了陆家嘴金融贸易区，成为唯一一个以“金融贸易”命名的国家级开发区。1990年末，上海金融保险从业人员为36200人，占从业人员总数的0.47%（上海市统计局，1991）。2005年，金融保险从业人员达到182400人，占总数的2.11%（上海市统计局，2006）。15年间，该行业从业人员的绝对规模增加了5倍，占从业人员总数的比重也增加了4.5倍。同时，2005年金融保险业产值达675亿元，占上海GDP的7.37%（上海市统计局，1991，2006）。金融产业的发展蒸蒸日上，甚至有专家声称上海已重新获得“国际金融中心”的地位。

上海房地产业的发展离不开城市土地使用改革和住房制度改革。1985年，上海房地产业产值仅占GDP的0.12%（上海市统计局，1986）。为吸引外商投资，1986年10月，上海市政府制定了《中外合资经营企业土地使用管理办法》，为土地使用权交易转让提供法律基础。外商投资和私营企业投资开始涌入上海房地产市场。1985至1990年，上海房地产业产值从0.58亿元增长到3.75亿元（上海市统计局，1991）。

房地产业的另一个跨越式发展则在1991年以后，当时上海市政府通过了《上海市住房制度改革实施方案》。如果说1986年的《办法》增加了房地产供给，那么1991年的《方案》则产生了更多对房地产的需求（Shanghai Almanac of Real Estate，1998）。因此在1990至1995年间，房地产业产值增加了24倍（上海市统计局，1996），占GDP的比重从0.48%上升到3.65%。随着进一步发展，上海房地产业产值达到6761.2万元，占GDP的7.39%（上海市统计局，2006）。20年来，上海的房地产业从无到有，逐渐发展成为当今经济发展的重要组成部分。

4.4 上海的全球化：所有制背景

时至今日，上海已重新融入世界经济体系，并朝向全球城市的目标转型发展（Yusuf和Wu，2002）。上海经济全球化的重要影响包括外商直接投资的流入，以及进出口贸易的增长。这些发展从根本上改变了上海的企业，尤其是不同所有制结构下的企业土地利用格局。

4.4.1 外商直接投资和国际贸易

如图4–2所示，上海市外商直接投资从1981年的300万美元上升到2005年的69亿美元。2005年末，累计实际利用外资597亿美元。上海市外商直接

图 4-2 上海不断增长的外商直接投资（1981 ~ 2004）
来源：上海市统计年鉴，1985，1990，2005

投资可以分为三个增长阶段：1980 至 1990 年、1991 至 1997 年、1997 至 2005 年。

（1）第一阶段即 1981 至 1990 年，是上海对外开放的起步阶段。尽管首家外资企业于 1981 年成立，但接下的 4 年间，上海的外商直接投资依然很少，累计总量仅为 4500 万美元。直到 1984 年后，上海被确定为沿海开放城市之一，其外商直接投资开始增长。1987、1988、1989 三年，上海的 FDI 分别超过了 2 亿、3 亿和 4 亿美元。然而，由于 1989 年春夏之交的政治风波以及随后的西方国家经济制裁，上海外商直接投资在几年内大幅下降。

（2）第二阶段即 1990 至 1997 年。在这一阶段中，由于浦东大开发以及中央政府的支持，上海的外商直接投资以前所未有的趋势增长。1994 年，上海 FDI 超过 30 亿美元，至 1997 年达到 48 亿美元，随后亚洲金融危机爆发。

（3）第三阶段即 1998 年至今。在接下来的两年中，受金融危机影响，上海 FDI 回落至 30 亿美元。然而，随着中国经济强烈的增长趋势以及重新加入 WTO，上海外商直接投资在 2000 年开始重新高速增长。2005 年，上海 FDI 达 68 亿美元，五年间增长了 38.7 倍。

表 4-4 反映了 1978 至 2005 年上海进出口总额。在这 27 年中，进出口总额从 30 亿增至 1864 亿美元：其中，进口总额从几乎为 0（0.1）增加到 956 亿美元，而出口总额从 29 亿增加到 907 亿美元。与此同时，进出口总额与 GDP 比值从 19.1％增加到 166.8％。2002 年，上海进出口总额开始超过 GDP 总量。到 2005 年，进口总额与 GDP 比值增加到 81.2，而这一数值在 1978 年仅为 18.2％。这些高比值足以证明上海的国际贸易和生产在经济体系中的重要性。毫无疑问，如今的上海已经完全融入世界经济体系。

上海进出口总额（1978 ~ 2005）　　表 4–4

年份	进出口总额（10 亿美元）	进口总额（10 亿美元）	出口总额（10 亿美元）	进口总额与 GDP 比值（%）	出口总额与 GDP 比值（%）
1978	3.0	0.1	2.9	19.1	18.2
1980	4.5	0.2	4.3	21.5	20.4
1985	5.2	1.8	3.4	35.5	23.0
1990	7.4	2.1	5.3	47.0	33.6
1995	19.0	7.4	11.6	63.6	38.7
2000	54.7	29.4	25.4	94.9	44.0
2005	186.4	95.6	90.7	166.8	81.2

数据来源：上海市统计局 1995，2005

4.4.2 产业部门中的跨国企业结构

上海各产业部门中跨国企业的结构也可以用 FDI 和国际贸易这两个方面的指标来进行描述。

上海的 FDI 几乎在第二产业和第三产业均衡分布，而流入第一产业的投资微乎其微。至 1996 年末，第二产业实际利用外资总数占 52%，第三产业占 47%。2004 年，第二产业 FDI 为 36 亿美元，占当年上海总数的 55%。

表 4–5 反映了 1992 年至 2001 年，境外企业总产值占工业总产值的比重。由表可得，境外企业在工业生产中的地位逐年提高。1992 年，境外企业的工业总产值占上海市工业总产值的 11%，而到 2001 年，这一比例为 52%。换言之，上海有超过一半的工业总产值来源于位于上海的境外企业。

第二产业外资企业总产值（1992 ~ 2001）（10 亿元）　　表 4–5

年份	工业总产值	国有企业	集体企业	其他企业	境外企业	合资企业
1992	2429.96	1389.80	455.52	584.63	267.97	97.01
1993	3327.04	1629.66	608.35	1089.03	472.99	304.10
1994	4255.19	1802.91	792.16	1660.12	915.24	390.45
1995	4547.47	1692.35	782.70	2072.42	1296.21	357.75
1996	5126.22	1678.62	916.75	2530.85	1733.36	349.88
1997	5649.93	1641.10	983.32	3025.51	2118.87	388.41
1998	5763.67	1497.60	915.28	3506.47	2597.86	405.73
1999	6213.24	1450.36	787.96	3974.92	2868.06	428.58
2000	6968.18	1215.48	737.65	5015.05	3492.17	815.42
2001	7656.96	1085.10	675.84	5896.02	3962.99	902.50

数据来源：上海市统计局，2002

表 4–6 表明了第二产业中不同行业里境外企业的地位和作用。在 27 个主要的制造业行业中，有 23 个行业中境外企业总产值占该行业工业总产值的三分之一以上，其中有 17 个超过了二分之一。这 17 个行业包括了电子及通信

2000 年制造业分大类的所有企业与境外企业的工业总产值　　表 4–6

大类	上海所有企业总产值		境外企业总产值		
	总产值（10 亿元）	排名	总产值（10 亿元）	比重（%）	排名
电子与通信设备制造业	78.1	1	7.1	91.6	1
交通运输设备制造业	75.5	2	5.7	75.2	5
黑色金属加工业	58.6	3	3.8	6.6	24
电气设备制造业	42.7	4	2.5	60.0	13
化学原料制造业	41.5	5	2.4	58.5	15
通用设备制造业	31.5	6	1.9	59.5	14
金属制品业	26.2	7	1.6	62.0	12
化学纤维制造业	23.5	8	2.1	91.5	2
纺织工业	22.8	9	9.4	41.4	20
服装制造业	20.3	10	14.4	71.4	7
石油加工制造业	20.1	11	0.5	2.4	26
电力、热力生产和供应业	19.2	12	0.1	0.7	27
专用设备制造业	15.2	13	6.5	42.9	18
塑料制品业	13.6	14	9.7	71.0	8
医药制造业	12.7	15	5.1	40.0	22
非金属制品业	12.7	16	7.0	55.4	17
食品制造业	10.9	17	8.6	78.9	3
文教体育用品制造业	9.9	18	7.4	75.1	6
有色金属加工业	8.9	19	3.3	37.2	23
烟草加工制造业	8.5	20	2.5	2.9	25
木材加工及木、竹、藤、棕、草制品业	7.9	21	3.4	42.7	19
食品加工	7.7	22	4.4	57.1	16
造纸及纸制品业	6.5	23	4.2	65.0	11
橡胶制品业	6.1	24	4.3	71.0	9
印刷业	6.0	25	2.4	40.9	21
皮革、毛皮、羽毛（绒）及其制品业	5.1	26	4.0	78.4	4
家具制造	2.4	27	1.7	70.4	10

注：表中仅列出总产值大于 10 亿元的行业。

数据来源：Ning，2004

设备制造业和交通运输设备制造业，也是两类上海最为重要的支柱产业，其总产值占到了全市工业总产值的四分之一。在这两个行业中，境外企业工业总产值又分别占到了91.6%和75.2%。剩下的行业中，获得外商投资最少的包括黑色金属加工业、石油加工业、烟草制造业、电力、热力生产和供应业，这些行业出于安全生产、资源控制等原因由政府严格管控，也会体现在其用地规划布局上。

自20世纪90年代早期，随着中央政府和地方政府一系列进一步市场化政策的出台，外商直接投资开始积极参与上海第三产业的发展。例如在1990年，外国金融保险企业可以进驻上海，进行人民币交易。有利的政策为上海与其他城市（例如北京、天津和深圳）竞争中国金融中心获取更大优势。

外商直接投资也改变了上海生活服务业的形式，包括美食市场、零售店以及休闲生活方式。例如，麦当劳和肯德基能在上海市区四处可见。2005年，麦当劳区域总部从香港移至上海，用其自己的话，这是“适应中国快速扩张市场的战略性转移”（www.xinhuanet.com，2006）。新天地在经过香港开发商开展的城市更新工程后，建立许多外国酒吧、咖啡厅和餐厅，成为中国城市现代生活方式的象征。它代表着上海由生产型城市向消费型城市的转变。甚至当地官员在访谈中认为，新天地项目成就突出、意义深远，直接影响到了上海未来时期的繁荣昌盛，正所谓“80年代看虹桥，90年代看浦东，下个世纪看新天地”。

此外，如表4–7所示，境外企业对上海出口正发挥着越来越大的作用。1990年，本土企业主导着上海出口，出口总额占到全市的94.4%。2004年，境外企业出口总额从1990年的5.6%上升到2004年的67.3%。从贸易模式来看，

上海所有制结构和出口贸易模式结构（1990 ~ 2004）　　表4–7

	1990	比重	2000	比重	2003	比重	2004	比重
出口总额（10亿美元）	5.3	100%	25.4	100%	48.5	100%	73.5	100%
所有制结构								
本土企业	5.0	94.4%	10.7	42.1%	15.2%	31.3%	18.9	25.7%
境外企业	0.3	5.6%	14.3	56.3%	30.8%	63.6%	49.5	67.3%
贸易模式结构								
一般贸易	2.9	54.6%	10.2	40.1%	19.4%	40.0%	27.3	37.2%
加工贸易	2.4	45.2%	14.8	58.3%	27.6%	57.0%	42.8	58.2%

数据来源：上海市统计局，2005

1990年一般贸易占54.6%，而至2004年加工贸易占58.4%。加工贸易包括中间产品来料加工、成品装配，然后对外出口。境外企业之所以大力发展加工贸易，其主要动力还是利用上海的廉价劳动力，或者说是利用“劳动力的资源禀赋”。

4.5 上海的郊区化：空间背景

4.5.1 城市用地扩张

图4–3展现了1983至1999年上海土地使用扩张过程。该图是通过制图软件对上海最近两次总体规划（1983和1999年）中的土地利用现状图进行用地类型合并以及对比分析而得。图中的黑色区域代表1983年上海的建成区，

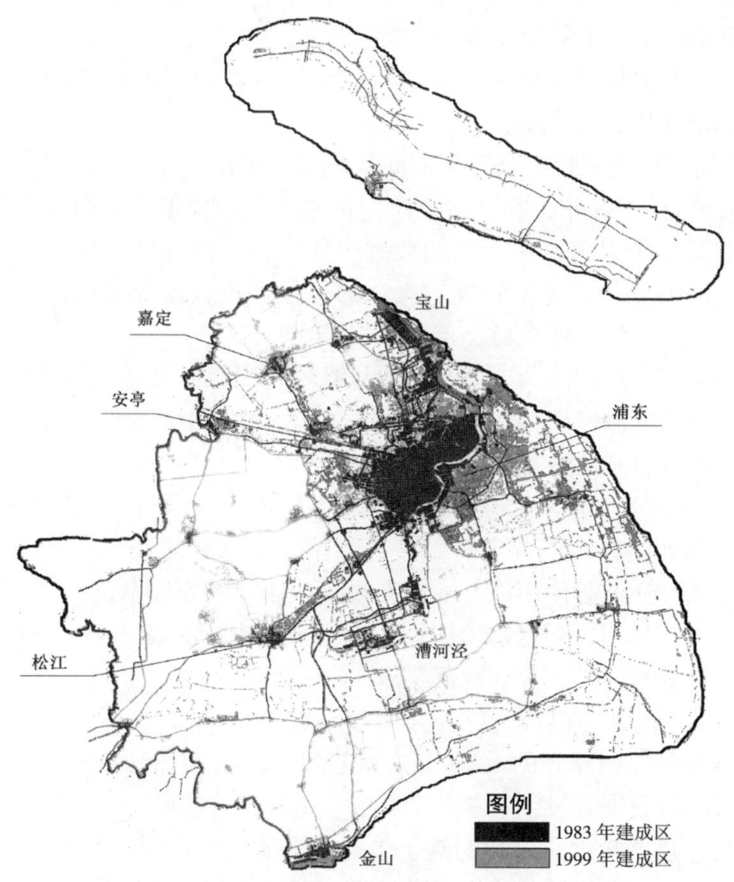

图4–3 上海城市土地使用扩张（1983 ~ 1999）
来源：1983年和1999年上海城市总体规划

而灰色区域代表 1983 年至 1999 年建成区的扩张。

图 4–3 中呈现出上海城市用地扩张的三大特征：

首先，图中大片的灰色区域意味着上海建成区在此段时间内明显扩张。从总体空间结构来说，上海城市扩张由中心城区为主导。总体规划中确定的中心城区外的新城区政府所在地以及新镇在图中可以得到反映，但规模普遍很小，例如嘉定、宝山、安亭等。土地利用的总体结构可以归纳为“一个大中心，多个小新镇”（Gao，2003）。

其次，浦东区扩张明显。1983 年，浦东区建成区仅为黄浦江岸的一小部分，而 1999 年，浦东区明显扩张至沿海地区。上海沿黄浦江的土地利用格局更为平衡。

再次，交通走廊沿线城市用地扩张显著，尤其是在连接中心城区至郊区重点镇的高速公路沿线，例如中心城区至嘉定，中心城区至安亭、中心城区至松江以及中心城区至漕河泾等。

接下来，本文将分土地利用类型进一步讨论城市用地扩张，并将重点置于居住、工业以及交通用地。

上海的居住用地建设反映了不同时代城市发展的特征（Liu，2004）。

（1）1949 至 1958 年，在“将上海由资本主义消费型城市向社会主义生产型城市转变”的指引下，一系列的大型居住工程在内城区开展，以适应推动制造业发展所需要的“无产阶级工人”的居住需求，这些案例包括普陀区的曹杨新村、杨浦区的控江新村、延吉新村等。

（2）1958 至 1978 年，由于“文化大革命”带来的政治动乱和管理失控，居住用地开发进展缓慢。1978 至 1990 年，居住用地开发依然缓慢，反映了上海相对缓慢的改革开放进程。

（3）自 20 世纪 90 年代之后，许多大型居住开发项目在内城郊区或外围郊区进行，例如闵行区的七宝、莘庄、颛桥，松江区的九亭，宝山区的大场等等，但远郊区县的居住用地开发往往规模较小、分布零散。

（4）2000 年以后，居住用地快速扩展，并延伸至包括浦东新区、闵行、嘉定、宝山等郊区和青浦、松江等远郊区县。

上海的工业用地可以分为三种类型：

（1）1980 年以前建立的大型工业“卫星城”。它们在计划经济指导下由中央政府和市政府投资开发，通常远离城区，作为“卫星城”。土地由政府开发，工厂也由政府建立管理。这类的例子包括宝山的宝钢集团、金山的石油化工、安亭的汽车制造、漕河泾的化学工业区以及松江的轻工业区等。

（2）1980 年以后开发的大型开发区。这类案例包括闵行经济技术开发区，浦东新区的外高桥、金桥、张江经济技术开发区、松江开发区，南汇区的康桥开发区等。这类工业用地多数在政府和市场共同作用下联合投资开发。通常由政府负责拆迁、土地平整和基础设施建设，私人投资者（包括境外和本土企业）完成工厂建设。

（3）中心城区和郊区小型分散的工业区。事实上在20世纪80年代早期市场化改革之前，工业用地占上海中心城区的30%（Shanghai Master Plan，1983）。土地市场和资本市场建立之后，在“退二进三”的过程中，中心城区大量的工业用地转化为居住和商业用地（Shanghai Urban Development Records，1995，2000，2004）。

根据1999年上海城市总体规划，第二产业主要分布在不同类型的开发区，以形成空间集聚的格局。仅有所谓的“都市型产业”才能分布在中心城区，这类产业指的是一些非劳动密集型的、低用地空间需求的产业，例如印刷业、软件业、奢侈品（珠宝、时尚）加工等（Shanghai Construction Almanac，2005）。总体规划中，建成区工业用地面积将从1997年的108.66km^2，下降到2020年的70.27km^2，所占比例从24.5%减少到11.9%。

如今的各类开发区、出口加工区、工业园区已经吸引了大量的工厂集聚，已经从根本上改变了上海的工业分布空间格局（Wei和Leung，2005）。到目前为止，开发区分为三级：国家级、市级以及区级（见图4-4）。上海建立了大小40多个开发区，其中14个为国家级经济技术开发区，15个为市级工业园区（Shanghai Survey Academy，2005）。

2003年，上海市政府推出了一个很有意思的工业开发计划——“173计划”，即在嘉定、青浦以及松山规划工业开发区的总面积要达到173km^2。该计划是为了应对来自于周边浙江和江苏一些市县工业快速发展而产生的激烈竞争而设立。相比上海，像昆山、太仓等城市的土地、办公、劳动力等资源更为廉价，因此在吸引外来投资方面更具优势（可参见第七章的瓦克集团案例）。173计划的目标在于降低在这173km^{2}工业开发区内的企业运营成本，使其达到与昆山、太仓同等的条件。

上海交通基础设施同样占据了大量土地，例如铁路、高速公路、海港、机场等。铁路包括上海－南京铁路、上海－杭州铁路、金山铁路以及吴淞工业区和闵行开发区的货运铁路。高速公路系统从1988年为零，快速发展到2000年的91km，并规划在2010年达到650km（www.highway.sh.cn，2006）。机场包括虹桥机场和浦东国际机场，港口主要分布在长江和黄浦江沿岸。毫无疑问，这些交通基础设施将在很大程度上影响企业的区位选择，这将在第6章中详细分析。

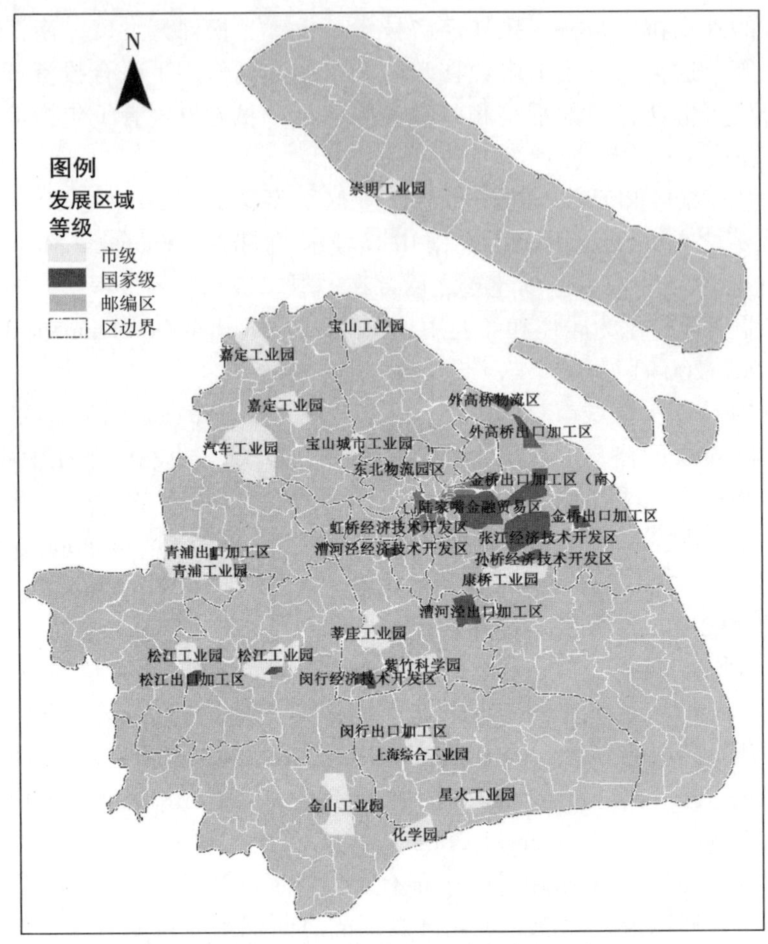

图 4-4 上海市的开发区分布（2005）

来源：上海主要发展区域分布图（上海测绘勘察设计院，2005）.

4.5.2 上海的郊区化

1）人口郊区化

上海人口的郊区化始于20世纪80年代（Ning，和 Deng，1996；Zhou 和 Ma，2000）。根据第三次和第四次人口普查数据，上海人口从1982年的1118.6万人增加到1990年的1334万人。8年内总体增长12.50%，年均增长1.48%。徐汇、长宁、普陀和杨浦四个内城郊区人口增加73.55万人，相当于全市人口增长总数的一半。与此同时，黄浦、卢湾、静安三个内城区人口在减少。卢湾和静安两区的人口密度分别从65935和68347人 /km^2 下降到62853和64030人 /km^2。

根据2000年的第五次人口普查，上海人口总量增长速度明显加快，达到1640万人（见表4-8）。1990至2000年总体增长率为22.98%，年均增长率为2.09%，比1982至1990年的年均增长率增加了50%。同时，黄浦、静安、卢湾人口减少更加明显，总量减少691800人，同比减少36.4%，相当于前一时间段（8.7%）的4倍。这意味着人口由城市中心区向郊区转移的空间扩散

上海分区县人口变化（1982 ~ 2000） **表4-8**

区（县）	1982 ~ 1990增长率	1990 ~ 2000增长率	1982 ~ 2000增长率
内城区			
黄浦	–1.55%	–4.79%	–3.36%
静安	–0.81%	–4.55%	–2.91%
卢湾	–0.60%	–3.62%	–2.29%
内城郊区			
虹口	1.03%	–0.38%	0.24%
闸北	1.20%	1.12%	1.15%
杨浦	2.87%	1.72%	2.23%
长宁	3.40%	1.59%	2.39%
普陀	3.71%	2.34%	2.94%
徐汇	2.88%	4.70%	3.89%
外围郊区			
嘉定	1.06%	4.22%	2.81%
浦东	3.45%	5.64%	4.66%
闵行	2.40%	7.00%	4.93%
宝山	4.00%	6.69%	5.49%
远郊区县			
崇明	–0.32%	–1.24%	–0.83%
金山	1.34%	0.46%	0.85%
南汇	0.89%	1.07%	0.99%
奉贤	0.47%	1.71%	1.16%
松江	0.84%	2.28%	1.64%
青浦	0.80%	2.59%	1.79%
总计	1.48%	2.09%	1.82%

注：区县边界依据当时实况。

数据来源：上海第3、4、5次人口普查

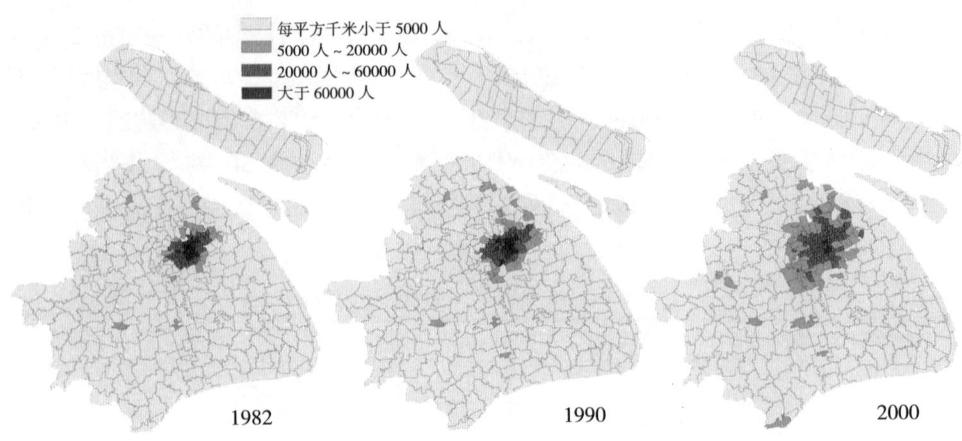

图 4–5　上海经济普查区人口密度（1982，1990 和 2000）
来源：Chen，2004

化进程更为明显。

然而在这两个时间段，人口快速增长的区域却在发生变化。1990 至 2000 年，内城郊区的人口增长速度虽然低于 1982 至 1990 年的增长速度，但其绝对规模仍然在增长。但同时，外围郊区人口增长速度达到最高峰。十年间，闵行区人口几乎翻番，拥有最快的年均增长速度 7.0%，其次依次为宝山（6.69%），浦东（5.64%）和嘉定（4.22%）。远郊区县的人口同样也以比之前更快的速度增长。

总体来说，自 20 世纪 80 年代以来，上海市人口的空间分布朝着更为分散的格局演变（见图 4–5）：

（1）内城三区人口规模大幅度下降。黄浦、卢湾和静安曾经人口最为稠密的中心区人口密度在持续下降；

（2）内城郊区和外围郊区人口明显增加。外城郊区人口在 18 年内翻了一番，2000 年占上海总人口的三分之一。郊区成为外来流动人口在上海地区定居以及城市居民从中心城区搬离的主要目的地；

（3）远郊区县的人口增长速度相对缓慢，1982 年至 2000 年间约为 11.45%。崇明县的人口甚至出现了下降的现象。

2）经济活动的郊区化

不像人口分布能够获得人口普查数据的支持，由于缺少企业普查数据，上海经济活动的郊区化缺少翔实的实证研究。更麻烦的是，由于统计标准频繁的改变，在历史上就从没有形成不同部门、或所有制类型、或是关于企业或就业总体分布的系统性数据。因此，本节试图总结关于上海经济活动空间格局及其变化趋势的现有研究，从而为本研究奠定基础。

在所有的经济部门中，制造业的郊区化尤为突出。改革之前，市政府面临着坐落在上海中心区制造工厂相关的众多问题，例如污染、在电力、用水以及交通等方面的纷争。因此20世纪50年代和70年代，市政府特意在中心城区的外围地区建立了多个工业区和卫星镇，重点位于闵行、五井、安亭、嘉定、松江、金山和宝山，其中大部分已经发展成为繁荣的产业集群。这类案例包括安亭的汽车产业、金山的石油冶炼加工产业和宝山的钢铁产业（Shanghai Industrial Almanac，2004）。

然而，作为社会主义意识形态中的"无产阶级城市"，上海大多数的工厂依然主要位于城市中心。例如，图4-6展示了1990年上海轻工业企业空间分布的格局。在早期统计中制造业的分类与今日不同，其中，制造业分为轻工业（例如家用商品、农产品加工）和重工业（例如：机械和电子行业、钢铁、化学）（Yang，et al.，1991）。如图所示，一直到改革开放十年后的1990年，大多数轻工业企业依然集中在中心城区。卢湾、黄浦、静安三个内城区包含了大量的工厂，而浦东区工厂数量非常少。

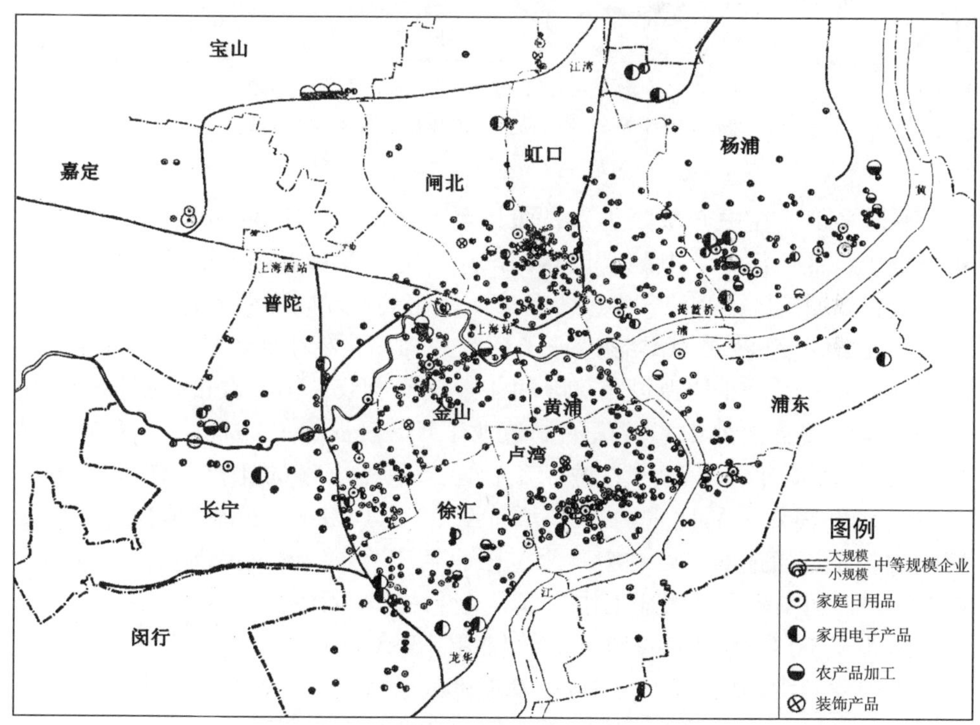

图4-6 上海轻工业企业分布格局（1990）

来源：基于Yang等人研究（1991），由作者加工而成

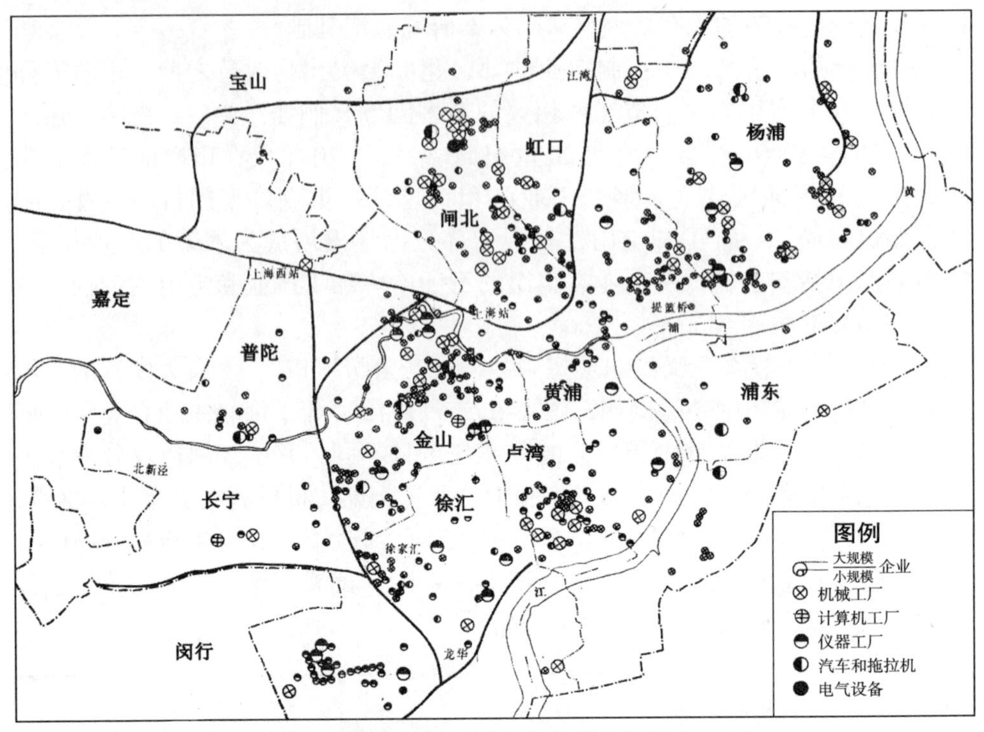

图 4–7　上海机械电子行业企业分布格局（1990）

来源：基于 Yang 等人研究（1991），由作者加工而成

不但轻工业在中心城区集聚，而且重工业也是。图 4–7 反映了 1990 年，机械电子行业（例如：电脑、仪器、汽车、电子设备）在上海的空间分布格局，其在内城三区（卢湾、黄浦、静安）集聚的格局同样明显。

进入 20 世纪 80 年代，制造业工厂有关的问题越来越严重，1986 年，上海市政府召开了关于协调城市和乡村工业工作会议，第一次正式提出分散化计划，重新安置上海中心城区的制造业工厂（Shanghai Almanac，1999）。从 1983 年至 1990 年，上海中心城区工业总产值占全市的比重由 78％下降到 55％，而外围郊区的比重由 14％增加到 28％（Chen，2004：40）。在这段期间内，工厂搬迁的主要动力是避免工业生产所产生的扰民问题，尤其是污染和噪声。但实际中，搬迁工作一直受资金短缺的阻碍。

20 世纪 90 年代初期的城市土地利用制度改革是一个转折点。随着土地市场的建立，中心城区的工厂突然发现可以通过卖出土地赚取盈利，因而产生了迁往郊区的自发动力。同时上海第三产业加速发展，也为土地资本创造了更大需求。因此，工业郊区化加速。1990 年至 2000 年，上海中心城区工业总产值的比重从 55% 下降到 22%，而外围郊区从 28% 增加至 56%（Chen，2004：59）。

现阶段关于服务业分布空间格局的研究很少，其一部分原因是由于传统共产主义理论体系对服务业的轻视（Illeris，1996）。根据马克思主义，服务业属于“非生产性的”，至少在“社会主义”初级阶段，仅为满足“无产阶级工人”基本需求而存在。1978 年改革开放前，生活服务业（例如零售店、粮食和蔬菜店、理发店、自行车修理店）等严格按计划提供商品和服务。因此，其区位选择是基于最少的运输距离和平等供给原则，在规划上按规模等级分布以覆盖社会需求（Wang 和 Jones，2002）。

上海也不例外，1978 年以前零售店的空间分布严格按照规划布置，传统商业中心萎缩。而对于生产者服务业，正如 4.3.2 节介绍，20 世纪 90 年代以前就几乎很少在城市经济体系中存在，更不用说空间分布格局的相关记录和研究。随着上海服务业的复兴和蓬勃发展，服务业企业的区位选择是否会符合人口和制造业的郊区化进程尚且未知。

4.6 小结

本章为理解上海转型时期的企业区位选择行为提供了相关背景。

首先，强调了权力分散化和市场化在制度重构中的重要作用。权力从高层政府向地方政府转移，也从政府向企业或个人转移。市场机制（例如价格机制、土地市场、劳动力市场）得以建立，并开始在资源分配中扮演重要角色。这些制度改革使得基于西方市场经济而产生的企业区位理论，在一定程度上能够解释上海的企业区位选择行为提供了先决条件。

其次，由于第三产业化和全球化的作用，上海的经济体系得以重构。上海企业的产业结构和所有制结构的组成格局发生了根本性改变。生产服务业的企业和境外企业在 20 世纪 80 年代基本不存在，而如今已经在上海经济体系中占有显要地位，其空间分布格局必然给城市带来冲击。

最后，上海在 1978 年后经历了城市用地的快速扩张，同时并伴随着人口和制造业的郊区化，这都为企业进行区位选择提供了新的空间环境。无论是城市的居住用地还是工业用地，均已扩展至上海郊区，尤其是浦东新区和一些新城。同时，自 20 世纪 80 年代早期，上海人口从内城郊区向外围郊区迁移。制造业活动同样也在进行空间扩散。然而对于勃兴的服务业，其在上海空间分布格局的详细研究却是寥寥。

5 上海企业空间分布的格局

5.1 引言

本章基于上海工商行政管理局（SHAIC）提供的 2005 年企业数据库，对上海企业空间分布的格局展开研究。企业分布的总体格局将根据行业大类以及所有制类型分别展开深入分析和对比，而重点是在三个门类（制造业、生产者服务业和生活服务业）以及两个所有制类型（本土企业和境外企业）。

在 5.2 节介绍企业门类结构及所有制结构之后，5.3 节将展现上海所有企业空间分布格局，并与人口空间分布格局进行对比。5.4 节分析并比较不同行业门类间的企业空间分布格局，分析中将计算不同门类的企业密度梯度，并通过回归分析的方法进一步探究其影响因素。5.5 节将通过企业空间分布格局的密度梯度、差异化程度等指标，对境外企业和国内企业进行对比研究。

5.2 上海企业结构

5.2.1 企业数量的行业大类结构

表 5–1 反映了上海企业的行业大类结构。根据 2005 年企业数据库，截至 2005 年 3 月上海共有 573949 家企业。这些企业的行业类型根据国家统计局制定的 4 位数代码定义。本文用四位数代码的前两位代码，将 1047 四位数行业子类重新归并为 88 个行业大类。每个大类的企业数量从 1 个（例如煤矿开采业）至 67563 个（例如零售业）不等（详见表 5–1）。

企业的行业大类结构反映着上海的经济结构。例如，采矿和伐木企业数量很少意味着上海自然资源的匮乏，而批发零售业的企业数量很多则证明了上海在长江三角洲乃至全国的贸易中心地位。

表 5–2 反映了三大产业的企业数量。值得注意的是，企业数量的产业结构与 GDP 中的产业结构并不对等。2005 年，第二产业的企业数量占上海总量的 22.90%，而第二产业增加值则占到 GDP 的 48.64%；第三产业企业数量占

分行业大类的企业结构（2005） 表 5-1

代码	大类	企业数量	代码	大类	企业数量
01	农业	5910	35	通用设备制造业	12410
02	林业	254	36	专用设备制造业	6170
03	畜牧业	676	37	交通运输设备制造业	5736
04	渔业	344	40	电气设备制造业	7952
05	农业服务业	1166	41	电子及通信设备制造业	4026
06	煤矿开采和洗选业	1	42	仪器仪表及文化、办公用机械制造业	2717
07	石油和天然气开采业	3			
10	非金属矿采选业	1	43	其他制造业	2772
12	Logging 和 the transport	1	44	电力、热力的生产和供应业	99
13	农副食品加工业	1215	45	燃气生产和供应业	138
14	食品制造业	1725	46	水的生产和供应业	286
15	饮料制造业	574	47	房屋和土木工程建筑业	6104
16	烟草制品业	7	48	建筑安装业	5381
17	纺织业	5843	49	建筑装饰业	11295
18	纺织服装、鞋、帽制造业	10215	50	地质勘探业	3017
19	皮革、毛皮、羽毛（绒）及其制品业	1458	51	灌溉管理	237
			52	铁路运输业	67
20	木材加工及木、竹、藤、棕、草制品业	2113	53	道路运输业	3963
			54	管道运输业	6
21	家具制造业	3257	55	水上运输业	307
22	造纸和纸制品业	2697	56	航空运输业	67
23	印刷业和记录媒介的复制	3067	57	装卸搬运业	5839
24	文教体育用品制造业	1980	58	其他运输业	35
25	石油加工、炼焦及核燃料加工业	182	59	仓储物流业	2559
26	化学原料及化学制品制造业	4695	60	邮政通信业	2858
27	医药制造业	572	61	家庭用品批发业	66603
28	化学纤维制造业	264	62	机器与设备批发业	82016
29	橡胶制品业	1141	63	其他批发业	4272
30	塑料制品业	5465	64	零售业	67563
31	非金属矿物制品业	4624	65	商业中介和服务业	4143
32	黑色金属冶炼及压延加工业	487	67	餐饮业	13900
33	有色金属冶炼及压延加工业	847	68	金融业	2428
34	金属制品业	13899	70	保险业	214

续表

代码	大类	企业数量	代码	大类	企业数量
72	房地产开发业	8173	86	体育	377
73	房地产管理业	6220	87	社会安保	1443
74	房地产中介服务业	10110	89	教育	4743
75	公共服务业	6295	90	文化艺术	1482
76	家庭服务业	17308	91	广播、电影和电视	580
78	住宿业	2316	92	研究组织	466
79	租赁服务业	1498	93	技术服务	26592
80	旅游业	1316	94	政府组织	2351
81	娱乐业	3191	95	党组织	211
82	咨询服务业	30571	96	社会组织	3409
83	计算机应用软件服务业	14289	97	基层社区组织	5131
84	其他社会服务业	8224	99	代表处、部或其他	16084
85	健康	1706			

数据来源：上海市工商行政管理局，2005

三大产业企业和从业人员数量（2005） 表 5-2

产业	企业总数	比重（%）	从业人员总数（单位：1000 人）	比重（%）	每企业平均从业人员
第一产业	7184	1.25	610.2	7.07	
第二产业	131419	22.90	3223.3	37.34	24.5
第三产业	435346	75.85	4799.7	55.60	11.0

数据来源：上海市统计局，2006；上海市工商行政管理局，2005

75.85%，而增加值只占 GDP 的 50.5%（SHAIC，2005；上海市统计局，2006）。这意味着不同产业的企业增加值差异很大，工业企业平均增加值高于服务业企业。

企业数量的产业结构也不等同于就业数量的产业结构，这同样意味着不同产业的企业平均从业人员规模差异很大。如表 5-2 所示，第三产业的企业数量远大于第二产业（3.3 倍），而从业人员总量仅为第二产业的 1.5 倍。第二产业企业的平均从业人员规模为 24.5 人，相当于第三产业（平均每企业 11.0 人）的两倍。

5.2.2 企业数量的所有制结构

表 5-3 反映上海企业数量的所有制结构。2005 年企业数据库中包括三类所有制分类，即本土企业、港澳台资企业以及外资企业。如表所示，本土企

三大所有值类型的企业数量（2005） 表 5-3

所有值类型	总量	比重（%）
本土企业	541265	94.3%
港澳台企业	11470	2.0%
外资企业	21214	3.7%

数据来源：上海市工商行政管理局，2005

业占 94.7%，港澳台资企业和外资企业分别占到了 2% 和 3.7%。在本研究中，境外企业包括了港澳台资企业和外资企业。

技术上来说，定义境外企业并非难事。本文沿用中央政府规定的定义，尽管其中对“外资控股”的比例等细节处存在很多争议。长期以来，中央政府设立了允许外国企业经营活动行业和形态的详细标准，在很多行业中仅有有限外资持股的合资企业才可能被批准。随着时间流逝，规章制度逐渐放宽。1979 年，外国投资者依法仅能成立合资企业，并严格规定外国投资者和本国投资者持有明确比例的股权。1986 年，独立的外资所有企业允许成立。1988 年以后，外国投资者允许成立合资企业，只要他们能够与本土投资者达成协议，此时已经废除了外国和本国投资者在股权上持有的比重要求。

在本文所用的企业数据库中，境外企业包括从完全的外商独资企业、具有代表作用的办事处、到包含两个或两个以上合伙人（外商或本国）合资企业等各种类型的企业形式，同时对外商控股程度并无要求。

表 5-4 反映了分行业大类的境外企业数量。通过比较其产业结构，可以发现上海第二产业境外企业比重更高，第一产业和第三产业比重较低。事实上，境外企业数量在第一产业中仅占 0.4%（第一产业企业占上海企业总数的 1.3%），第二产业占 43.3%（该产业企业数量占总数的 22.9%），第三产业占 56.3%（该产业企业数量占总数的 75.9%）。

分行业大类境外企业数量（2005） 表 5-4

代码	大类	企业数量	代码	大类	企业数量
1	农业	87	15	饮料制造业	104
2	林业	10	16	烟草制品业	1
3	畜牧业	16	17	纺织业	586
4	渔业	9	18	纺织服装、鞋、帽制造业	1378
5	农业服务业	9	19	皮革、毛皮、羽毛（绒）及其制品业	203
12	木材及竹材采运业	1			
13	农副食品加工业	191	20	木材加工及木、竹、藤、棕、草制品业	171
14	食品制造业	377			

续表

代码	大类	企业数量	代码	大类	企业数量
21	家具制造业	279	58	其他运输业	3
22	造纸和纸制品业	231	59	仓储物流业	667
23	印刷业和记录媒介的复制	171	60	邮政通信业	32
24	文教体育用品制造业	372	61	家庭用品批发业	1195
25	石油加工、炼焦及核燃料加工业	21	62	机器与设备批发业	1170
			63	其他批发业	108
26	化学原料及化学制品制造业	866	64	零售业	1142
27	医药制造业	144	65	商业中介和服务业	2354
28	化学纤维制造业	35	67	餐饮业	921
29	橡胶制品业	134	68	金融业	80
30	塑料制品业	649	70	保险业	23
31	非金属矿物制品业	449	72	房地产开发业	695
32	黑色金属冶炼及压延加工业	36	73	房地产管理业	295
33	有色金属冶炼及压延加工业	60	74	房地产中介服务业	424
34	金属制品业	1050	75	公共服务业	216
35	通用设备制造业	865	76	家庭服务业	276
36	专用设备制造业	895	78	住宿业	64
37	交通运输设备制造业	489	79	租赁服务业	20
40	电气设备制造业	784	80	旅游业	5
41	电子及通信设备制造业	1227	81	娱乐业	145
42	仪器仪表及文化、办公用机械制造业	380	82	咨询服务业	2247
			83	计算机应用软件服务业	1610
43	其他制造业	396	84	其他社会服务业	122
44	电力、热力的生产和供应业	6	85	健康	27
45	燃气生产和供应业	3	86	体育	21
46	水的生产和供应业	11	87	社会安保	2
47	房屋和土木工程建筑业	164	89	教育	36
48	建筑安装业	84	90	文化艺术	81
49	建筑装饰业	193	91	广播、电影和电视	14
50	地质勘探业	106	92	研究组织	32
51	灌溉管理	1	93	技术服务	704
53	道路运输业	43	95	党组织	1
55	水上运输业	23	96	社会组织	1
56	航空运输业	18	97	基层社区组织	1
57	装卸搬运业	277	99	代表处、部或其他	4345

来源：上海市工商行政管理局，2005

表 5–5 反映了所有企业的分行业比重和主要境外企业（比重超过 1%）的分行业比重之间的差异。如表所示，所有企业比重明显高于境外企业比重的行业大类包括批发业、零售业以及其他生活服务业等（见表中第二栏），而境外企业比重明显较高的大类为制造业和生产性服务业（例如咨询服务和计算机应用服务）

分行业大类的所有企业和境外企业比重差异（2005） 表 5–5

代码	大类	差异（%）	代码	大类	差异（%）
62	机器与设备批发	10.71	40	电气设备制造业	–1.01
64	零售业	8.28	30	塑料制品业	–1.03
61	家庭用品批发业	7.95	82	咨询服务业	–1.55
93	技术服务	2.48	59	仓储物流业	–1.59
76	家庭服务	2.17	36	专用设备制造业	–1.66
49	建筑装饰业	1.38	26	化学原料及化学制品制造业	–1.83
84	其他社会服务	1.06	18	纺织服装、鞋、帽制造业	–2.44
			83	计算机应用软件服务业	–2.44
			41	电子通信设备制造业	–3.05

注：差异值 = 所有企业该大类中所占比重 – 境外企业该大类中所占比重。

不同行业大类全部企业与境外企业所占比重的差异表明，与本国投资者相比，外商投资者更倾向于投资第二产业。这一结论正与 1981 年至 2005 年，第二产业 FDI 累计数量大于第三产业的现象相符合（详见 4.4 节）。

联系到现有的全球城市文献（参见 Sassen，2001，Grant，2003），大量的研究可能忽略了第二产业的重要性，尤其是对于尚在工业化过程中的全球化城市研究。为此，要研究发展中国家城市的空间结构，第二产业和第三产业均需予以考虑。

5.3 上海企业空间分布格局

5.3.1 企业密度的空间分布

在上海，企业的密度分布呈现明显的距离衰减格局。表 5–6 中反映了上海三大区域中企业密度的相关统计数据。内环路以内区域的企业密度从 319.70 至 5236.29 个 /km^2 不等。而在内环路与外环路之间的区域，密度为 33.67 至 1334.04 个 /km^2 之间。外环路以外的区域，密度从 0 至 502.90 个 /km^2。平均密

邮政区企业密度的描述性统计　　表 5-6

	数量	最小值	最大值	平均值	标准差	变异系数
内环以内	29	319.70	5236.29	1592.71	897.74	0.56
内环与外环之间	39	33.67	1334.04	367.37	318.89	0.87
外环路以外	173	0.00	502.90	68.60	75.70	1.10
总计	241	0.00	5236.29	313.52	618.63	1.97

注：邮政区 200540（每平方公里 1636.47 家）被排除在外。这是由于此邮政区仅为很小的一片区域，但却是上海最大的国企之一——金山石化所在，因此其密度是异常值。

数据来源：上海市工商行政管理局，2005

度随着到中心距离的增加，从内部的 1592.71 个 /km^2 至中间的 367.37 个 /km^2 再至外围的 75.70 个 /km^2 呈现显著下降趋势。

所有的这些数据均揭示了企业密度由城市中心向外围地区下降的空间格局。变异系数表明密度分布存在较大差异（1.97），但差异情况在各个环状带中随着向中心的推进而逐渐减小（1.10，0.87 及 0.56）。

图 5-1 展示了上海分邮政区的企业密度空间分布格局。企业密度最高的邮政区（邮政编码 200001）位于黄浦区，其每平方公里拥有注册 5236 个企业，而位于崇明岛的邮政区（邮政编码 202182）密度为零，全市最低。下文将密度根据五个临界点 100、200、500、1000 以及 2000 个 /km^2 而分为六类。

（1）密度在 2000 ~ 5236 个 /km^2 之间的七个邮政区位于内环以内，其中五个位于南京西路和南京东路，两个位于淮海路。

（2）密度为 1000 ~ 2000 个 /km^2 的有 21 个区，除金山区金山化工所在地（邮政区为 200540）的邮政区外，其余均在内环以内或横跨内环路。

（3）密度在 500 ~ 1000 个 /km^2 的大多数邮政区位于内环路与外环路之间，或内环的边缘地带。惟一的例外是编码为 201802 的邮政区。根据上海总体规划（1999），这是中心新城南翔镇的所在地。

（4）密度在 200 ~ 500 个 /km^2 直接的邮政区分为两组。一组位于内环与外环之间，另外一组位于上海外围地区的重点镇地区。这些重点镇既包括 1978 年以前由上海市政府建立的卫星城（闵行、武进、安亭、宝山、嘉定以及金山），也包括后期总体规划的新镇（青浦、程桥、辉南、南谯）。

（5）密度为 100 ~ 200 个 /km^2 的邮政区位于外环或重点镇地区。

（6）其余邮政区的密度低于 100 个 /km^2。

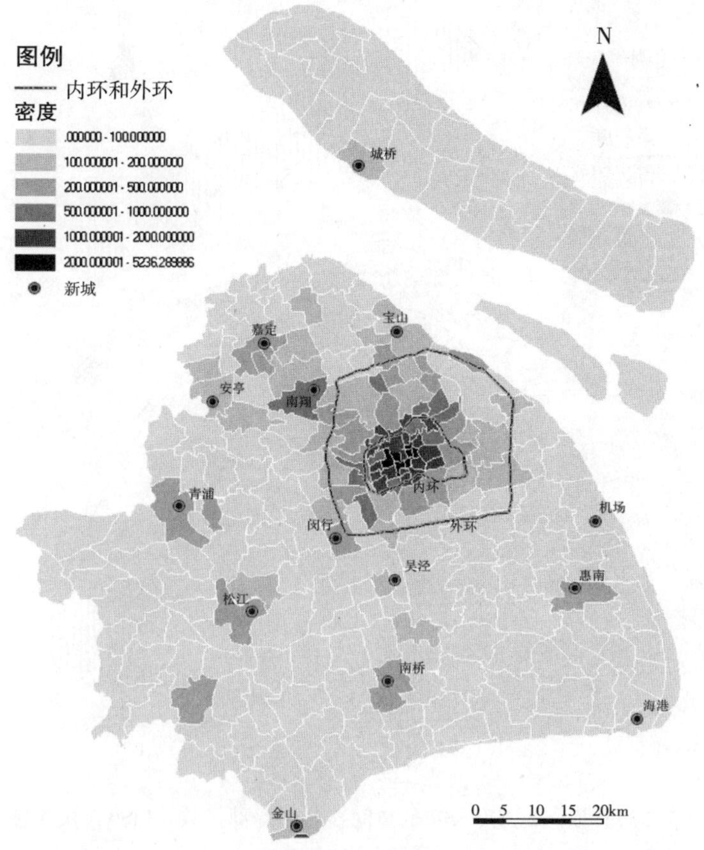

图 5–1　上海分邮政区的企业密度空间分布格局

来源：上海市工商行政管理局，2005

5.3.2　企业及人口密度梯度的对比

图 5–2 为上海企业密度分布的空间自相关局部指数（LISA）集聚图。LISA 数据的计算及成图方法在 3.4 节已有介绍。基本上，LISA 统计旨提供一种技术方法，以识别企业密度分布的空间自相关显著的集群，而不是仅仅依赖于主观设定的分类门槛。主观设定门槛的方式高度依赖于数据分类和研究者的经验，很可能会歪曲或隐藏事实（详情可参见“Longley et al.，2001”一书中 277–279 页的相关讨论）。

通过先前介绍的方法，计算 Moran’s 局部指数并判断其是否显著，最终形成 LISA 分布图。Moran’s 局部指数之和等于 Moran’s 全局指数，大小为 0.72，这意味着上海的企业分布显著不均，呈现高度的空间自相关性。

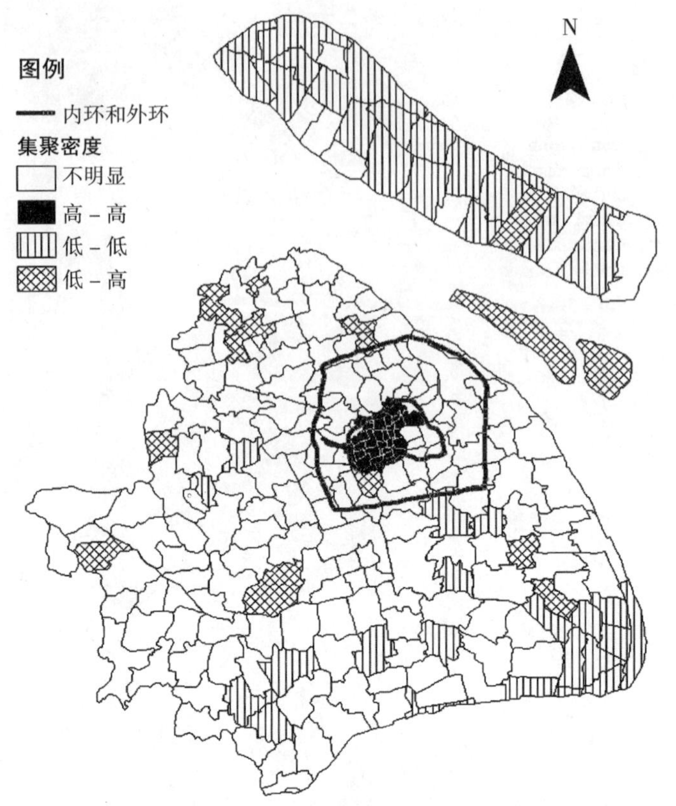

图 5-2　上海企业密度分布的空间自相关局部指数（LISA）集聚图

图 5-2 反映了三种区位类型：高－高集聚区，低－低集聚区以及低－高集聚区。高－高集聚区位于中心城区，几乎等于除浦东部分邮政区以外的内环区域范围。在上海东部和北部外围区域，一些低－低集聚区组成了较为连绵的地域范围。低－高集聚区则相对分散，包括宝山区两个独立的岛屿。大多数具有低－高特征的邮政区靠近于《上海城市总体规划》中所定义的新镇。

根据 Anselin（1995）的文献，高－高集聚区、低－低集聚区的意义在于识别出高值集聚和低值集聚的核心。对于低－高区位（尽管没有高－低的结果，但其本质也是一样），Anselin（2004）认为他们是空间数据中的“离群数据”。这些“离群数据”被认为是“明显不同于其周围，即便可能不与整体分布相违背（Tao 和 Li 2006，253）”。

例如，尽管宝山区两个独立岛屿的 LISA 绝对值为零，由于隔离，他们之间的距离权重矩阵为零，但是 LISA 值在所有 LISA 值标准化之后负显著

（见 3.4.2 节）。同时两岛的企业密度同样在标准化之后很低。因此，两岛被归类于低 - 高区位，代表着它们是空间数据的离散点。事实上，岛南部长江对岸的企业密度值明显高于岛屿。

密度分布图和空间自相关分析结果都清楚表明：上海企业的空间分布呈现显著的集聚格局——高密度中心和低密度外围，中间过渡带的密度位于中间水平。换句话说，与空间上密度变化相关的距离衰减定律在上海同样适用。

此研究中用负指数函数形式的密度梯度指标对上海企业的空间分布进行分析。负指数函数形式的密度梯度指标广泛运用于现有文献中（见 2.2.1 节），并在大量的实证研究得以检验和证实（Clark，1951；McDonald，1989；Wang 和 Zhou，2000）。负指数函数也是从城市经济学经典的竞租理论中推演出的数学形式，详细公式参见 3.4 节。

利用 2000 年上海第五次人口普查数据，通过相同方法对人口密度的空间分布建模，以检验企业密度是否比人口密度更加集中。邮政编码为 200001 的邮政区 Moran's I 局部指数最高，因而定位为企业分布建模的城市中心，而老西门街道办为 2000 年上海人口分布建模的中心。

企业密度和人口密度的指数回归结果 **表 5-7**

	R 平方	d.f.	F 值	a 系数	t-value	b 系数	t-value
企业	0.8121	215	682.34	3555.43	23.54	-.26	18.94
人口	0.7588	290	816.28	61742	24.48	-.13	18.31

注：崇明岛和宝山区两个小岛被剔除于回归之外。

表 5-7 显示了两个模型的回归参数。两个模型均适用于描述上海的企业分布和人口分布。企业分布的 R^2 为 0.81，意味着 81% 的企业密度分布变量可以通过到邮政区 200001 中心点的距离来解释，而人口分布的 R^2 为 0.76。同时，回归分析的 F 值和系数的 t 值均在 0.001 水平上显著。

结果表明，企业密度梯度（-0.26）几乎为人口梯度（-0.13）的两倍。这意味着，总体而言企业空间格局相比人口更为集聚。在上海，一个典型的通勤者应该是从一个距离中心更远的居住地向与中心距离较近的工作场所通勤。这个结果与其他城市观察到的规律一致。也就是说，如果沿到城市中心任意距离画一条圆周界线，那么内部区域范围内的工作就业比重大于城市居住人口比重（Hamilton，1982）。

5.4 分产业的企业空间分布格局

5.4.1 分产业的企业密度空间分布格局

本节介绍了第二产业和第三产业企业密度的空间分布图，并重点对二者进行对比。表 5–8 中展现了三大区域（内环内、内外环间、外环外）企业密度的统计数据。总体来说，两大产业的企业空间分布格局均呈现中心距离衰减格局，尽管第三产业的数值和变化明显大于第二产业。值得注意的是，第二产业企业并不等同于制造业工厂，因为这些企业同样也包括总部、分支机构、代理商以及研究与开发机构，因此内城中第二产业的企业数量依然很大。

不同产业的企业密度描述统计 **表 5–8**

	数量	最小值	最大值	平均值	标准差	变异系数
第二产业中的企业						
内环以内	29	56.21	283.04	133.83	49.27	0.37
内环与外环之间	39	8.57	181.66	56.79	38.73	0.68
外环路以外 *	173	0.00	121.15	20.40	17.50	0.86
合计	241	0.00	284.10	41.41	49.30	1.19
第二产业中的企业						
内环以内	29	344.55	4894.28	1490.45	850.78	0.57
内环与外环之间	39	13.19	1139.00	285.24	279.47	0.98
外环路以外 *	173	0.00	367.62	46.28	60.01	1.30
合计	241	0.00	4894.28	267.19	568.67	2.13

注：* 表示不包括邮政区 200540。

在内环以内的区域，第二产业企业密度为 56.21 ~ 283.04 个 /km^2，而第三产业为 344.55 ~ 4894.28 个 /km^2。在内环路与外环路之间的区域，第二产业企业密度为 8.57 ~ 181.66 个 /km^2，而第三产业为 13.19 ~ 1139.00 个 /km^2。在外环路以外的区域，第二产业和第三产业企业密度范围分别为 0 ~ 121.15 和 0 ~ 367.62。

总体来看，两个产业的企业密度依然呈现从内城区向中间带再向外围地区依次递减的趋势（第二产业为 133.93，56，79 至 20.40；第三产业为 850.78，279.47 至 60.01），同时第三产业减少更快。变异系数表明第二产业和第三产业企业密度的分布存在较大差异。

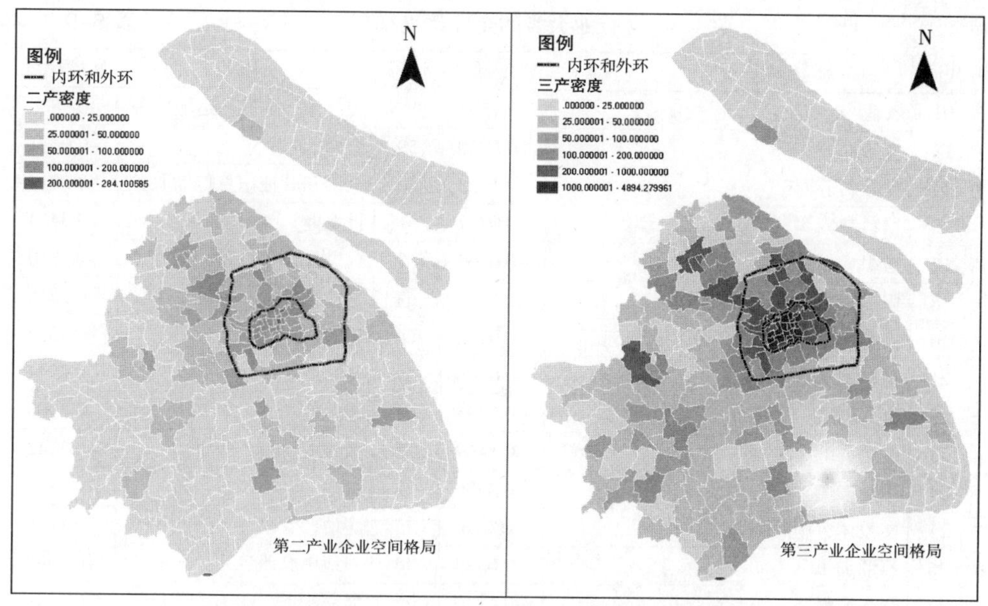

图 5–3　上海第二产业和第三产业企业密度空间格局

图 5–3 展现的是第二产业和第三产业企业密度的空间分布格局。以 25、50、100、200 和 1000 为临界点，将企业密度分为六组。通过观察比较，可以发现以下三个特征：

（1）通常情况下邮政区内第三产业的企业密度高于第二产业；

（2）以内环路为边界的区域是第二三产业企业的高密集区；

（3）外环路以外的地区中，第二三产业的企业密集区是相似的，它们的多数都集中在卫星城或新镇（见 4.5.1 节）。

5.4.2　分行业大类的企业集聚格局

为衡量集中程度，研究使用负指数函数来计算分行业大类的企业密度梯度。表 5–9 汇报了所有行业中通过显著性检验的密度梯度值（其他参数由于不需要深入分析，因而省略）。出乎意料的是，不同行业大类的企业密度梯度相差甚远。

其中有些行业大类密度梯度为正，意味着距离中心城区距离越远，企业数量越多。这些行业大类包括石油加工和化学纤维制造业，二者均为专业化产业，因其生产危险化学原料而需要远离人口密集区域。

此外，密度梯度绝对值最大的，或者说空间最为集中的，四个行业大类分别为租赁服务业、党组织管理（包括中国共产党的基层管理）、旅游业和零

分行业大类的企业密度梯度 表 5–9

代码	分部门	密度梯度	代码	分部门	密度梯度
01	农业	–0.1565	57	装卸搬运和其他运输服务	–0.3836
13	食品加工	–0.0730	59	仓储	–0.0671
14	食品制造	–0.1158	60	电信和其他信息传输服务	–0.3012
15	饮料制造	–0.0741	61	批发业	–0.3454
17	纺织	–0.0567	62	机械及设备批发	–0.2350
18	服饰制造	–0.1125	63	其他批发	–0.2815
20	皮革、毛皮、羽毛（绒）及其制品	–0.0233	64	零售业	–0.4354
21	木材加工及木、竹、藤、棕、草制品	–0.0266	67	餐饮业	–0.2944
22	家具制造	–0.0385	68	金融业	–0.2908
23	造纸及纸制品	–0.1469	70	保险业	–0.3242
24	印刷	–0.0586	72	房地产开发	–0.2203
25	文教体育用品制造	0.0876	73	房地产管理	–0.1715
26	石油加工	–0.0345	74	房地中介服务	–0.1392
27	化学原料	–0.1140	75	公共服务	–0.1832
28	医药制造	0.0970	76	物业管理	–0.1992
29	化学纤维	–0.0296	78	旅馆	–0.2999
30	橡胶制品	–0.0262	79	租赁服务	–0.8927
31	塑料制品	–0.0447	80	旅游	–0.5131
32	非金属矿物制品	–0.0164	81	文化娱乐	–0.1794
33	黑色金属冶炼及压延加工	–0.0270	82	咨询服务	–0.2598
34	有色金属冶炼及压延加工	–0.0262	83	计算机应用服务	–0.2212
35	金属制品	–0.0739	84	其他社会服务	–0.2526
36	通用设备制造	–0.0828	85	卫生	–0.2192
37	专用设备制造	–0.0574	86	体育	–0.3213
40	交通运输设备制造	–0.0962	87	社会保障	–0.1669
41	电气机械及器材制造	–0.1396	89	教育	–0.1833
42	仪器仪表及文化、办公用机械制造	–0.1333	90	文化艺术	–0.3022
43	工艺品及其他制造	–0.1093	91	广播、电影电视	–0.3571
47	土木工程建筑	–0.1255	92	研究组织	–0.1789
48	线路、管道和设备安装	–0.1599	93	技术服务	–0.1742
49	建筑装饰	–0.1314	94	政府机构	–0.2962
50	勘察设计	–0.0990	95	党组机构	–0.6263
51	灌溉管理	–0.0447	96	社会机构	–0.3766
53	交通运输	–0.0952	97	基层社区机构	–0.1216
55	水上运输	–0.2685	99	办事处、总部和其他	–0.3768

注：表中仅汇报在 0.05 水平上通过 T 检验和 F 检验的行业大类。

售业，这四类均属于第三产业。

大多数第二产业行业大类的企业密度梯度比人口密度相对平稳，表示他们比人口分布更为分散，而第三产业则相反。正如前文所述，人口密度梯度为 –0.13，而企业密度梯度为 –0.26。第二产业 29 个大类中仅有 5 个行业的企业密度梯度绝对值高于人口密度梯度，这些大类包括管道建设、印刷业、电子和通信设备制造业、仪器仪表及办公机械、建筑装饰等。第一个和最后一个属于建筑业，因而相对集中。由于市场的驱动作用，印刷业是上海最为空间集中的制造业大类，这种现象在其他国家的城市也同样出现（Lee，1989）。

第三产业 38 个大类中仅有 5 个企业密度梯度绝对值低于人口梯度，包括基层社区组织、地质勘探、道路交通运输、仓储物流以及灌溉管理。这些大类相对空间扩散，可能是因为前两类和最后一个与农村有关，而第三个和第四个与区域尺度上的交通基础设施建设有关。

接下来，本节将进一步研究分部门的密度梯度所呈现出的规律，重点集中在三个门类：制造业、生产者服务业以及生活服务业。如表 5–9 所示，制造业有 27 个大类；生产者服务业包括金融保险（68 和 70）、房地产（72、73 和 74）和商务服务（82、83 和 84）；生活服务业包括六个大类：零售业（64）、家庭服务（76）、住宿（78）、租赁服务（79）、旅游（80）以及餐饮（67）。

根据西方国家经验（详细信息请见 2.2 节文献综述），生产者服务业更依赖于集聚经济，因而最为集中；生活服务业为城市居民提供服务，因而更依赖于人口的空间分布格局；而制造业则需要更多土地而更加分散化。总体来说，西方国家城市中这三个门类典型的空间结构为：生产者服务业、生活服务业以及制造业由城市中心区向外围地区依次分布。接下来将设计模型，通过对比上海不同行业大类的密度梯度来检验这个典型结构是否在上海适用。

与此同时，影响行业大类企业密度梯度还包括其他因素。现有研究揭示大企业比小企业更倾向于分散化，因为大企业相对来说更少的依赖于外界环境，因而更容易适应在郊区发展（Lee，1989）。这就意味着那些企业平均规模较大的行业大类更倾向于分散化。

此外基于新经济地理理论，集聚可以节约物力、人力运输以及思想交流的成本（Glaeser，1998），因此密集的中心城区思想交流是成为产业集聚的重要来源，尤其是对于那些强调创新的创意指向型产业。这样，具有更高人力资本（偏向于创意指向型）的行业大类更倾向于集聚（Glaeaser 和 Kahn，2000）。

根据以上文献，下文研究通过多元变量线性回归来探讨不同行业大类密度梯度的影响因素。因变量为表 5–9 中所示的密度梯度，影响因素包括以下四类：

（1）三大门类：制造业（27个大类）、生产者服务业（8个大类）以及生活服务业（6个大类）将作为虚拟变量。其中，研究猜想是生产者服务业、生活服务业以及制造业在空间上依次分散。

（2）分行业大类的企业规模，包括企业平均从业人员规模以及从业人员总体规模。研究猜想是该大类企业平均规模或从业人员规模越大，空间分布越分散，密度梯度绝对值越小。

（3）分行业大类的人力资本，通过学历在高中以上（包括专科、本科以及研究生等）的劳动力比例衡量。研究猜想是受良好教育的比例越高，空间分布越集中，密度梯度绝对值越大。

（4）分行业大类的境外企业比重，旨在检测境外企业的比重对所在行业空间分布集中度的影响。

除了上海市工商行政管理局提供的企业数据库以外，研究的另一个数据来源是2006年10月出版的上海经济普查数据。经济普查数据所提供的信息包括行业大类的平均企业规模、分行业从业人员规模以及劳动力的受教育水平（上海市统计局，2006）。用于回归的数据均通过共线性测试，符合回归分析条件。

回归结果如表5-10所示，总体模型能够通过检验。在这三个门类中，制造业部门倾向于呈现更为平缓的距离衰减格局（0.099），也就意味着它们更为空间分散。生活服务业集中更为显著（-0.236），而生产者服务业虽然呈现出

分门类密度梯度的决定性因素统计分析　　表5-10

变量	因变量：各部门密度梯度	
	（1）	（2）
常数	-0.147**（0.068）	-0.414***（0.150）
制造业（哑变量）	0.099**（0.042）	0.091**（0.041）
生产者服务业（哑变量）	-0.014（0.040）	-0.040（0.040）
生活服务业（哑变量）	-0.236***（0.051）	-0.244***（0.048）
高中以上受教育水平百分比	-0.292***（0.082）	-0.260***（0.082）
Ln（平均企业规模）	0.006（0.015）	
Ln（总体行业规模）		0.025**（0.013）
境外企业比例	0.000（0.003）	-0.001（0.002）
调整系数	0.565	0.590
N	68	68

注：括号中为标准误差；*** 表示在1%的显著性水平上显著；** 表示在5%的显著性水平上显著；* 表示在10%的显著性水平上显著。

集聚特征，但并不显著。结果表明，在上海三大门类的空间结构按生活服务业、生产者服务业以及制造业由城市中心区向外围地区依次排列。

这种空间分布特征与西方国家城市中所展示规律的明显区别在于，生活服务业比生产者服务业更加集聚。这可能由以下两点原因决定：

首先，上海的生产者服务业还处于起步阶段，它自 20 世纪 80 年代才开始发展。因此，上海生产者服务业更依赖于制造业的企业分布而不是城市的集聚经济，相关内容将在第 6 章进一步探讨；

其次，中国城市居民的消费行为与西方国家的城市居民大不相同，中国城市消费者更依赖于具有强烈中心城区指向的公共交通（Wang 和 Jones，2002）。

人力资本方面，受教育水平在高中以上的劳动力比例越高的行业大类，空间分布越集中，这符合有关思想交流对集聚具有重要作用的相关理论（Glearser 和 Kahn，2000）。这个结果暗示由知识密集型产业（例如：高技术制造业、金融、保险、房地产）主导的城市将更加紧凑。

在上海，有 46% 的从业人员没有接受高等教育，而第三产业仅有 11% 的人接受过高等教育（Shanghai Economic Census，2006）。因此，高中以上受教育水平的比例相比受高等教育比例，更能够反映不同行业大类中的人力资本的差异。

从理论上讲，比较不同行业大类企业平均从业人员规模差异的密度梯度，相比行业大类总体就业人数的密度梯度更具有意义。然而回归结果说明，总体行业规模比企业平均从业规模对密度梯度的影响更显著。行业大类的从业人员规模越大，其企业的空间分布格局更为分散。这意味着一个城市的空间结构将受到其主要经济部门区位偏好的影响，从而这个城市的经济结构紧密相关。

各部门中境外企业的比例并不影响密度梯度，这可能是因为境外企业仅占上海企业总数的 5.7%。境外企业和本土企业空间分布格局的差异将在下一节中深入讨论。

5.5 分所有制的企业空间分布格局

5.5.1 分所有制的企业密度空间分布格局

全球化能够对城市空间结构留下“印记”，那么一个相关的有趣问题是：境外企业的空间分布是否与本土企业空间分布的格局有所不同？本章节将对上海本土企业和境外企业的空间格局展开研究。

公司所有权类型密度的描述性统计　　表 5–11

	数量	最小值	最大值	平均值	标准差	变异系数
本土企业						
内环以内	29	301.20	4763.71	1435.65	811.21	0.57
内环与外环之间	39	31.05	1296.14	350.56	325.20	0.93
外环路以外 *	173	0.00	497.68	63.63	69.40	1.10
总计	241	0.00	4763.71	287.96	561.62	1.95
境外企业						
内环以内	29	12.31	472.90	123.60	115.　56	0.93
内环与外环之间	39	1.43	309.20	29.65	56.56	1.91
外环路以外 *	173	0.00	28.24	2.39	3.87	1.61
总计	241	0.00	472.90	22.60	62.86	2.78

注：* 表示邮政区 200540 已被排除。

表 5–11 反映了在用内环路和外环路分割定义的三大区域中，两大类企业密度的总体统计数据。总体来说，本土企业和境外企业的空间格局均呈现至城市中心距离衰减的规律。内环之内，本土企业密度在 301.20 ~ 4763.71 个 /km^2 之间，而境外企业在 12.31 ~ 472.90 个 /km^2 之间；内环路与外环路之间，本土企业密度在 31.050 ~ 1296.14 个 /km^2 之间，而境外企业在 1.43 ~ 309.20 个 /km^2 之间；外环路外，本土企业密度从 0 ~ 497.68 个 /km^2，而境外企业从 0 ~ 28.24 个 /km^2。

二类企业的平均密度均由中心向外围地区衰减（本土企业为 1425.65，350.56，到 63.63，境外企业为 123.60，29.65，到 2.39），境外企业密度比本土企业递减更快。变异系数表明境外企业空间分布差异更大。此外，内环路和外环路之间的地区对于境外企业来说差异最大，而外环路外区域对于本土企业来说差异最大。

图 5–4 展示了上海本土企业和境外企业的区位分布。企业密度根据 50、100、200、400 以及 1000 个 /km^2 这五个临界值分为六类。通过观察可以发现，本土企业最为密集集中的区域包括内环路的大片区域。外环路外的新镇(金山、嘉定、青浦、松江、南汇、崇明、奉贤以及南翔、朱泾镇等重点镇）为高度集中区域。通过建立负指数模型，发现上海本土企业的密度梯度为 –0.26（R^2 为 81.5%），与对上海所有企业计算的结果相同。

对于境外企业来说，密度最为集中的邮政区出现在两个区域：一个是在内环路以内，其规模明显小于本土企业；另一个为外高桥经济技术开发区。

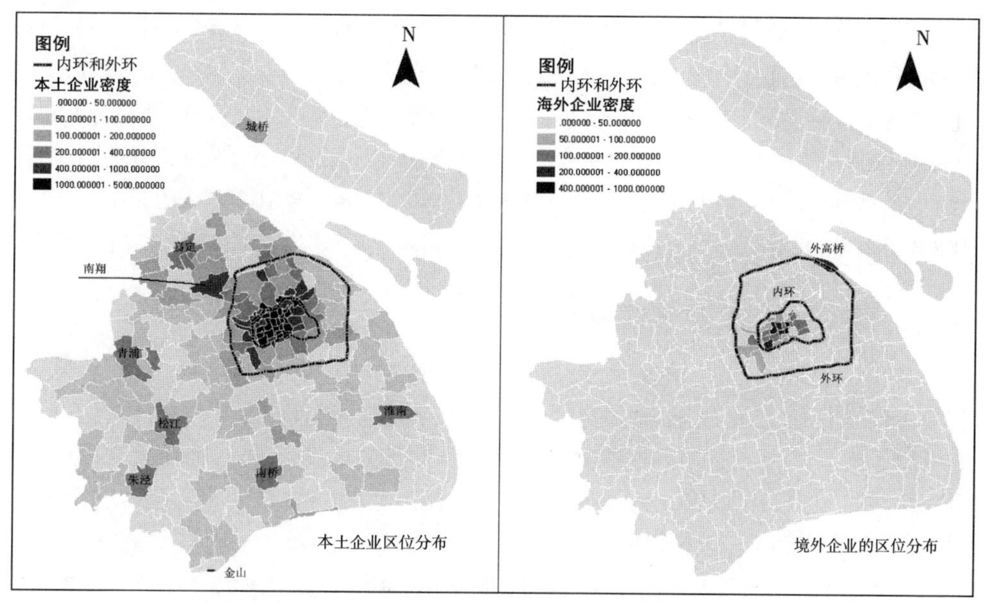

图 5-4　上海本土企业和境外企业的区位分布

来源：上海市工商行政管理局，2005

外环路外，没有任何邮政区的境外企业密度高于 50 个 /km^2。负指数模型显示，上海境外企业密度梯度为 –0.31，R^2 为 52.7%。

空间分布图和密度梯度的数值均反映出，境外企业具有不一样的空间分布格局。本土企业与境外企业区位的一个显著差异在于，境外企业更偏向于在中心城区集聚。

三个门类中境外与本土企业的描述性统计　　　　表 5-12

	R^2	d.f.	F 值	a 系数	t-value	b 系数（密度梯度）	T 值
制造业							
本土企业	0.5279	214	342.97	94.01	18.08	–.0673	12.11
境外企业	0.3639	214	158.25	13.07	12.33	–.0686	8.17
生产者服务业							
本土企业	0.8048	214	648.20	1474.95	22.89	–.2606	18.48
境外企业	0.3861	214	820.97	109.53	8.80	–.2992	7.31
生活服务业							
本土企业	0.8308	214	710.04	1308.10	24.54	–.3390	20.79
境外企业	0.5825	214	194.88	53.17	12.94	–.3563	11.03

分门类（即制造业、生产者服务业以及生活服务业）将本土企业和境外企业的密度梯度进一步比较，发现境外企业在这三个门类中均比本土企业更为向心集聚。如表 5-12 所示，b 系数（密度梯度）分别为 -0.0673 与 -0.0686，-0.2606 与 -0.2992，以及 -0.3390 与 -0.3563. 然而，这三个门类境外企业的 R^2 均小于本土企业（0.5279 与 0.3639，0.8048 与 0.3861，以及 0.8308 与 0.5826），意味着境外企业密度不如本土企业符合距离衰减指数模型。

5.5.2 差异化程度及其规律

本章节测量了本土企业和境外企业的差异化程度（详细公式请见 3.4 节）。差异化指数通过纳入空间因素，测量要素空间分布的分异程度（Wong，2002）。本研究中，差异化程度 D（S）用于测量上海不同行业大类的差异化程度。这一指标的数值（最大值为 1，最小值为 0）越高，意味着本土企业和境外企业的空间分布差异更大。

表 5-13 为上海不同行业大类本土和境外企业的差异化程度。在这些大类中，服装制造（代码 18）、交通运输设备制造（37）、金属制品（34）、化学原料（26）以及非金属矿物制品（31）差异化指数最低。结果表明，这五个行业大类中境外企业的空间结构与本土企业最为相似。显然，上述五类均属于制造业。

在境外企业规模大于 100 家的行业大类中（参见表 5-4）技术服务（93）、研究组织（92）、广播、电影电视（91）、文化艺术（90）和体育（86）是差异化指数最高，意味着这五个行业大类中境外企业的分布格局与本土企业最为不同。它们均属于公共服务业，其中本土企业的区位决策基本上依据政府指令而决定。

通过多元线性回归方法，检测造成分部门差异化程度可能的影响因素。因变量为表 5-13 所示的差异化程度，自变量包括四类：①将门类类型（例如：制造业、生产者服务业或者生活服务业）设置为虚拟变量；②人力资本，通过高中以上受教育水平的劳工比例衡量；③从业人员规模；④境外企业比重。

回归结果如表 5-14 所示。从三大门类来看，制造业境外企业更倾向于形成与本土企业相类似的空间分布格局，其次依次为生产者服务业和生活服务业。人力资本对不同行业大类的空间分布差异化程度并没有显著影响。

就业规模对行业大类的空间分布差异化程度有负面作用。这说明，一个行业大类的就业规模越大，境外企业和本土企业格局的相似性程度越高。同样，境外企业比重也对差异化程度具有负面作用。一个行业大类境外企业越多，本土和境外企业格局的相似化程度越高。

不同部门中本土企业与境外企业的差异化程度 表 5-13

代码	分部门	空间差异化程度	代码	分部门	空间差异化程度
13	食品加工	0.4341	49	建筑装饰	0.5875
14	食品制造	0.3833	50	勘察设计	0.7557
15	饮料制造	0.5654	53	交通运输	0.6745
17	纺织	0.3562	55	水上运输	0.6481
18	服饰制造	0.2981	57	装卸搬运和其他运输服务	0.5618
19	皮革、毛皮、羽毛（绒）及其制品	0.3833	59	仓储	0.6691
20	木材加工及木、竹、藤、棕、草制品	0.4538	60	电信和其他信息传输服务	0.7711
21	家具制造	0.4487	61	批发业	0.5780
22	造纸及纸制品	0.4501	62	机械及设备批发	0.6461
23	印刷	0.4593	63	其他批发	0.8039
24	文教体育用品制造	0.3663	64	零售业	0.3499
25	石油加工	0.6491	65	商业代理与服务	0.5355
26	化学原料	0.3308	67	餐饮业	0.3502
27	医药制造	0.4343	68	金融业	0.6261
28	化学纤维	0.7155	70	保险业	0.6926
29	橡胶制品	0.5970	72	房地产开发	0.3807
30	塑料制品	0.3514	73	房地产管理	0.4195
31	非金属矿物制品	0.3398	74	房地中介服务	0.3428
32	黑色金属冶炼及压延加工	0.6918	75	公共服务	0.5023
33	有色金属冶炼及压延加工	0.6036	76	物业管理	0.4092
34	金属制品	0.3262	78	旅馆	0.5373
35	通用设备制造	0.3602	79	租赁服务	0.8668
36	专用设备制造	0.3670	81	文化娱乐	0.4279
37	交通运输设备制造	0.3228	82	咨询服务	0.4884
40	电气机械及器材制造	0.3639	83	计算机应用服务	0.5224
41	通信设备、计算机及其他电子设备制造	0.4037	84	其他社会服务	0.6254
42	仪器仪表及文化、办公用机械制造	0.4226	85	卫生	0.7407
43	工艺品及其他制造	0.3717	86	体育	0.7141
44	电力、热力的生产和供应	0.9123	90	文化艺术	0.5517
45	燃气生产和供应	0.9128	91	广播、电影电视	0.8150
46	水的生产和供应	0.9280	92	研究组织	0.6551
47	土木工程建筑	0.5586	93	技术服务	0.4966
48	线路、管道和设备安装	0.6036	99	办事处、总部和其他	0.3671

注：表中仅计算境外企业比重超过 1% 的行业大类。

分门类差异化程度的影响因素参数估计　　表 5–14

变量	因变量：部门差异化程度
常数	1.610***（0.166）
制造业（哑变量）	–0.162***（0.040）
生产者服务业（哑变量）	–0.109**（0.046）
生活服务业（哑变量）	–0.108*（0.055）
高中以上受教育水平百分比	0.043（0.109）
Ln（部门就业规模）	–0.085***（0.014）
境外企业比重	–0.004**（0.002）
调整系数	0.629
样本量	64

注：括号中为标准误差；*** 表示在 1% 的显著性水平上显著；** 表示在 5% 的显著性水平上显著；* 表示在 10% 的显著性水平上显著。

这些发现对我们理解外商投资企业的区位选择，以及外商企业投资时的考虑因素，都是十分重要的。

5.6　小结

前文中的研究分析表明，上海经济活动（企业）的总体空间格局符合理论上的距离衰减定律。此外，企业的总体空间分布格局相比人口而言更为向心集聚，这同样也与西方国家城市中所观察到的规律一致。

通过将企业按行业大类分组，以邮政区为基本单元绘制企业密度图，计算密度梯度、不同行业大类企业的集聚程度，可以发现以下显著特征：

（1）大部分行业大类均呈现企业密度分布的距离衰减格局，意味着中心城区依旧主导着上海经济结构；

（2）一些制造业企业（例如石油加工和化学纤维）的密度梯度为正，意味着它们更倾向于在远离城市中心的地区选址。相反，印刷业最为集聚，甚至超过人口集聚程度；

（3）从三个门类来说，制造业企业比生产者服务业更为空间扩散，生产者服务业又比生活服务业更为空间扩散；

（4）受教育程度较高的劳动力比重更大或从业人员规模更小的行业大类，更倾向于选择城市中心的区位。

从所有制角度（境外和本土）分析，虽然这两类企业都呈现中心距离衰减格局，但其分布格局并不相同。在上海，境外企业总体空间分布格局比本土企业更为集聚，在三大门类（例如，制造业、生产者服务业、生活服务业）中都是如此。

两类企业跨行业大类的差异化程度也有所不同。具体而言，制造业的境外企业空间格局与本土企业最为相似，而生产者服务业和生活服务业中境外企业的空间格局与本土更为不同。从业人员规模较大的行业大类中，境外企业倾向于选择与本土企业相似的空间格局；在受高等教育从业人员比例越高的行业大类中，二者的相似程度也越高。

6 企业区位选择的影响因素

6.1 引言

本章主要识别企业区位选择的影响因素，并研究这些影响因素是如何以及在多大程度上影响企业区位选择。现有理论研究（见第 2 章的相关文献综述）中包含两类区位影响因素：空间的非均质性（先天属性）和集聚经济（后天属性）。研究中将定量分析这些影响因素的贡献程度。

定量分析重点集中在三大门类：制造业、生产者服务业和生活服务业。每个门类进一步分为本土企业和境外企业，以便于挖掘他们在区位选择行为上的不同之处。

本章结构上，在引言之后的 6.2 节将建立实证研究模型，6.3 节将模型变量细化、进行变量估计并检验具体研究猜想。6.4 节将呈现实证研究结果。6.5 节进行总结，并讨论本章所得到的企业区位选择行为与第 5 章得到的企业空间格局之间的联系。

6.2 实证研究模型

关于企业区位选择行为空间影响因素的相关理论研究可以追溯到古典韦伯模型（Weber，1929），强调运输成本的最小化。从数学角度出发，企业最佳区位为到市场或原料的加权距离之和最小化所对应的点。在微观经济学领域，Isard（1956）认为当生产函数的技术参数固定时，企业可以通过选择交通成本最小的区位实现利润最大化。从此，企业区位理论的核心从基于运输成本最小化向利润最大化转变。如今，大多数的企业区位建模是选择能够实现利润最大化的最佳区位点（Hansen，1987；Lee，1989；Shukla 和 Waddell，1993；Wu，2000b）。

从这个角度出发，企业的区位由其在城市内可能的区域中选择能够满足下列利润最大化函数的解来决定：

$$\max PF(L_i, X_i, Z_i) - P_x X_i - P_i L_i \quad (6\text{-}1)$$

其中，L_i、X_i、Z_i 分别为企业土地购置投入、非土地购置投入以及与区位特征相关的非购买投入因素，包括“先天属性”的作用（例如：空间可达性、政府优惠政策）和“后天属性”作用（集聚经济）。P 为产品价格，P_x 为购买的非土地投入价格（例如劳动力和资本），假设其与区位无关。R_i 表示土地价格，其随着空间变化而变化。

假设特定行业中的企业相同，投入需求亦相同（例如劳动力、资本、土地），则能细化在区位 i 时该行业的利润最大化，即如下式：

$$PF_i = PF(Z_i, R_i) \quad (6\text{-}2)$$

在典型的竞租理论中，根据不同区位对特定行业企业的吸引程度，每一个特定区位由愿意支付最高租金的企业获取。如果租金低于预期水平，企业则愿意搬迁至该地区，也就意味着企业与其他区位的企业相比，可以产生更多的利润。越来越多的企业因此将迁往此区域直到租金增加达到预期水平。同时，过多的企业将导致过高的租金，从而产生企业“向外”转移的推动力。

这样形成空间平衡，特定行业中所有的企业将产生相同的利润，没有企业愿意搬迁。此时，PF_i 固定，而区位 i 的土地价格 R_i 由 Z_i 决定。

$$R_i = R(Z_i) \quad (6\text{-}3)$$

从特定区位 i 的角度出发，竞价被逐渐增长的需求或是越来越多的企业入驻而推高。为了方便推理，竞租的增加值（ΔR_i）假设为“新”企业的数量（ΔN_i）与现有企业数量（N_i）的比值，如下公式：

$$\Delta N_i / N_i = g(\Delta R_i) \propto \Rightarrow \ln(N_i) = g^* R_i \quad (6\text{-}4)$$

其中，N_i 是区位 i 的企业数量。值得注意的是，假设特定行业中企业的土地利用规模相同，将公式（6–3）和公式（6–4）合并，单个土地单元内的企业数量（企业密度）即可用以下函数估计：

$$\ln(D_i) = g \cdot (R(Z_i)) = f(Z_i) + e_i \quad (6\text{-}5)$$

其中，D_i 为区位 i 的企业密度，Z_i 代表区位特征。这就是本研究的实证模型。将上述模型简化表达的逻辑是：一个地点的区位优势越好（Z_i），越多的企业就想集聚于此，从而该地点的企业密度就越高（D_i）。

本研究建模的主要目的是研究比较不同部门和所有制类型的企业区位影

响因素。自变量 D_i 包括上海以邮政区为基本单元的六大门类的企业密度：本土制造业企业、境外制造业企业、本土生产者服务业企业、境外生产者服务业企业、本土生活服务业企业以及境外生活服务业企业。

自变量 Z_i 可分解为两类解释变量（空间非均质性变量和集聚经济变量），来测量区位要素是如何影响上海的企业空间分布。

建模的另一目的在于将“先天属性”作用力和“后天属性”两类不同性质的作用力分解，以在新经济地理的框架下重新解释空间分布格局。理论上，企业空间分布可以归因于空间非均质性，例如空间可达性、优惠政策等，也可以归因于集聚经济。但是在真实世界中，最终的企业空间格局往往受先天和后天属性的双重作用，而且两者相互缠绕，很难区分开。例如靠近港口、火车站具有好的“先天属性”，所引发的企业集聚又带来“后天属性”，再往后发展为 CBD 则兼具了两者的作用力（参见 Moses 和 Williamson，1967）。

因此，实证研究的挑战在于分清先天属性和后天属性的影响。借鉴 Roos（2005）的研究方法，我们用 ANOVA 方法剖析两类属性的作用力，公式如下:

$$V=V_u+V_f+V_{fs}+V_s \qquad (6\text{–}6)$$

其中，V 是总体的空间变化方差，V_u 是无法通过模型解释的空间变化方差，V_f 为通过纯先天属性作用产生的空间变化方差，V_{fs} 为先天属性通过后天属性实现的空间变化方差，V_s 为通过纯后天属性作用产生的空间变化方差。

具体模型中的变量定义和计算方法将在下节中详细介绍。

6.3 模型细化与研究猜想

表 6–1 描述了本研究中所涉及的解释变量。总体来说，这些变量分为两组：空间非均质性变量和集聚经济变量，其详细信息如下：

以制造业企业为例，实证研究的回归方程如下：

$$\ln(D_M)\ a_0+a_1\mathrm{DCBD}+a_2\mathrm{DHIGHWAY}+a_3\mathrm{DAIRPORT}+a_4\mathrm{ETDZ}+ a_5\mathrm{NEWTOWN}+a_6\mathrm{P^*}+a_7\mathrm{PD^*}+a_8\mathrm{PS^*}+\varepsilon \qquad (\mathrm{I})$$

DCBD、DHIGHWAY 和 DAIRPORT 代表与空间可达性相关的空间非均质性，而 ETDZ 和 NEWTOWN 代表不同优惠政策产生的非均质性。概念上，这些空间非均质性变量包含了纯先天属性作用影响（V_f）和先天属性通过后天属性作用的影响（V_{fs}）。

回归方程中的解释变量 表 6-1

变量	描述
1）空间非均质性变量	
DCBD	至 CBD 的距离（单位：公里）
DHIGHWAY	至高速公路的最短距离（单位：公里）
DAIRPORT	至虹桥机场的距离（单位：公里）
ETDZ	为虚拟变量，如果邮政区位于经济技术开发区，则变量为 1，否则为 0
NEWTOWN	为虚拟变量，如果邮政区位于新镇，则变量为 1，否则为 0
2）集聚经济变量	
P	人口集聚经济，距离衰减系数为 –0.50（单位：100000 人）
M	制造业集聚经济，距离衰减系数为 –1.00（单位：1000 家企业）
PD	生产者服务业集聚经济，距离衰减系数为 –1.00（单位：1000 家企业）
PS	生活服务业集聚经济，距离衰减系数为 –1.00（单位：1000 家企业）
P*	纯后天属性作用下的人口集聚经济，距离衰减系数为 –0.50（单位：100000 人）
M*	纯后天属性作用下的制造业集聚经济，距离衰减系数为 –1.00（单位：1000 家企业）
PD*	纯后天属性作用下的生产者服务业集聚经济，距离衰减系数为 –1.00（单位：1000 家企业）
PS*	纯后天属性作用下的生活服务业集聚经济，距离衰减系数为 –1.00（单位：1000 家企业）

注：集聚经济变量详细计算公式见 6.3.3 节。

P*，PD* 和 PS* 代表纯后天属性作用影响（V_s），它们为 P、PD 和 PS 分别按照以下方式剔除先天属性作用影响后的残差：

$$\mathrm{P}=a_0+a_1\mathrm{DCBD}+a_2\mathrm{DHIGHWAY}+a_3\mathrm{DAIRPORT}+a_4\mathrm{ETDZ}+\mathrm{P}^*$$
$$\mathrm{PD}=a_0+a_1\mathrm{DCBD}+a_2\mathrm{DHIGHWAY}+a_3\mathrm{DAIRPORT}+a_4\mathrm{ETDZ}+\mathrm{PD}^*$$
$$\mathrm{PS}=a_0+a_1\mathrm{DCBD}+a_2\mathrm{DHIGHWAY}+a_3\mathrm{DAIRPORT}+a_4\mathrm{ETDZ}+\mathrm{PS}^*$$

因此，回归方程 I 的 R^2 包括了纯先天属性、先天属性通过后天属性影响以及纯后天属性作用的总体影响，也就是公式 6 中的 $V_f+V_{fs}+V_s$。为区分影响，需要进行以下两个回归：

$$\ln(\mathrm{D_M})=a_0+a_1\mathrm{P}+a_2\mathrm{PD}+a_3\mathrm{PS}+\varepsilon \quad (\mathrm{II})$$
$$\ln(\mathrm{D_M})=a_0+a_1\mathrm{P}^*+a_2\mathrm{PD}^*+a_3\mathrm{PS}^*+\varepsilon \quad (\mathrm{III})$$

回归方程 II 的 R^2 包括了先天属性通过后天属性影响以及纯后天属性作用影响，也就是 $V_{fs}+V_s$ 。回归方程 III 的 R^2 包括了纯后天属性作用的影响，也就是 V_s。将回归方程 I 的 R^2 减去回归方程 II 的 R^2，将回归方程 II 的 R^2 减去回归方程 III 的 R^2，即可分解计算得到纯先天属性、先天属性通过后天属性影响以及纯后天属性作用的影响程度。

6.3.1 空间非均质性变量

1）因变量说明

空间非均质性变量包括两类：一类由空间可达性的不同而产生，另一类由政府政策的不同而产生。第一类包括可达性变量，如 DCBD（至 CBD 的距离）、DAIRPORT（至机场的距离），以及 DHIGHWAY（至高速公路的最短距离）。第二类包括政策变量，例如 ETDZ 和 NEWTOWN。

由于这些因素和企业区位相互影响（例如高速公路可能是企业集聚形成的原因，也可能是集聚形成后迫于压力补修公路的结果），因此下文选取在 20 世纪 80 年代早期，也就是上海企业刚开始在市场机制中发展并选择区位时各种因素的初始条件用于回归分析，以避免这种内生性问题。

研究中将 CBD 定为外滩，这与 1999 年上海城市总体规划略有不同。从地理角度出发，外滩位于苏州河和黄浦江的交汇处，殖民时期是上海历史上第一个外国殖民地。因为起源早的缘故，外滩成为上海最具空间可达性的点。从外滩重心到每个邮政区矩心的直线距离即为至 CBD 的距离，也就是 DCBD。

机场是指虹桥机场，而非浦东机场，因为前者建立于 1921 年，并从 1972 年起为上海惟一民用机场运营；而后者的建设在 1997 年才得以启动，1999 年在当时建设还未完工的情况下投入运营。虹桥机场到各个邮政区矩心的直线距离即为到机场的距离，即 DAIRPORT。

20 世纪 80 年代开始，高速公路成为上海经济地理中的重要因素（Zhe，1999）。高速公路由内环路、外环路、上海 – 南京高速公路（沪宁高速）、上海 – 嘉定高速公路（沪嘉高速）、上海 – 青浦 – 朱家角公路（沪青平高速）、上海 – 杭州高速公路（沪杭高速）、嘉定 – 金山公路（嘉金高速）、上海 – 芦潮港路（沪芦高速）、上海 – 浦东机场（迎宾路）等。所有公路均为 20 世纪 80 年代即存在的主要交通线路。对于每一个邮政区来说，其矩心至所有高速公路的距离都将测量，但仅选取最近的距离为 DHIGHWAY。

为反映政策不均衡性，研究选择了两个虚拟变量。一个是 ETDZ，包括 29 个经济技术开发区（ETDZs），其中国家级 14 个，市级 15 个（详见图 4–5）。矩心落在开发区内的邮政区值为 1，否则为 0。

第二个变量为 NEWTOWN，也是 1983 年上海城市总体规划所确定的新镇，共 11 个，包括宝山、安亭、嘉定、南翔、吴泾、闵行、松江、金山、青浦、南桥以及惠南。其中八个为所属区县政府的所在地，三个（安亭、南翔、吴泾）为 20 世纪 70 年代以来即确立的重点工业镇。同样，矩心落在这些新镇内的邮政区值为 1，否则为 0。

值得注意的是，有时经济技术开发区或新镇面积大于邮政区，因而邮政区取值为 1 的数量将大于经济技术开发区或新镇的数量。

2）研究猜想

理论上，CBD 通常为企业区位决策中的拉力因素。优越的空间可达性（例如靠近火车站、港口）促使城市早期阶段企业的集聚，随后所发展出的集聚经济进一步凸显了其声誉。因此，猜想 DCBD 的系数为负。然而，临近 CBD 对于不同行业的企业具有不同的价值，服务业企业相比制造业企业而言更应该重视 CBD 的区位。

DAIRPORT 和 DHIGHWAY 分别对于更依赖航空运输和陆路运输的行业，表现为负的显著相关性。研究猜想是制造业企业更依赖于陆路运输，而境外企业相比本土企业更依赖于航空运输。

ETDZ 被认为是重要的空间影响因素，它反映一系列由当地政府或中央政府所提供，针对于境外企业，尤其是大型制造业企业的激励机制（例如免税期、廉价的土地以及低价的基础设施服务）。因此，经济技术开发区对境外制造业企业的区位选择过程中应表现为拉力。

新镇是上海郊区的关键场所，其相比其他乡镇获得更多市政府和区政府的支持（例如财政支持、基础设施建设、产业布局等）。尽管相比中心城区，城镇规模较小，但其在上海乡村区域具有极其重要的作用。因此，这些新镇对于大多数类型的企业来说具有显著的正相关作用。

6.3.2 集聚经济变量

1）因变量说明

第二类变量指在测量企业空间分布格局中集聚经济所起到的作用。理论上，集聚经济的来源包括劳动力市场共享、中间产品供应以及知识外溢，这些均自于企业和人员以及企业之间的空间相互作用（Marshall，1964，Fujita 和 Ogawa，1982）。

描述空间相互作用力的常用数学模型为“重力模型”（Lowry，1964）：

$$P_i = \sum_{j=1}^{n} A_j \exp(-\beta d_{ij})$$

其中，P_i 为区位 i 的集聚经济（相互作用强度）；A_j 为街道办 j 的人口或邮政区 j 的企业数量；d_{ij} 为区 i 和 j 之间的距离；β 为距离衰减系数，反映空间相互作用在空间尺度上消失的速度。β 值越大代表地理距离更为重要，而人口（或企业）相互作用则相对较弱。

研究需要计算两类集聚经济。第一类为人口集聚经济。在相应的计算公式中，A_j 为街道办 j 的人口；d_{ij} 为邮政区 i 街道办 j 两矩心之间的距离。第二类企业集聚经济，主要集中于三个门类：制造业、生产者服务业和生活服务业。在相应的计算公式中，A_j 为邮政区 j 的企业数量，d_{ij} 与人口集聚经济公式中的含义相同。

通常认为，企业间的集聚经济相比企业和人口间的相互作用，更易受到地理距离的影响，因此企业集聚经济的 β 要大于人口集聚经济。Shukla 和 Waddell（1991，p238）将人口 β 值设为 0.25，将就业设为 0.75，并得到了理想结果；Wu（2000b，p2455）将回归分析中人口的 β 值设为 0.5。

本研究中反复进行多次回归计算，检验 β 分别为 0.25、0.50、0.75 和 1.00 时的结果。结果表明，人口集聚经济计算中 β 值设为 0.5 时，模型整体解释力最佳，而企业的 β 值设为 1.0 时解释力最佳。当然，寻找 β 的最佳值并非本研究的目的。因此为简化计算，将人口集聚经济公式中的 β 设定为 0.5，企业的 β 设定为 1.0。

此处计算量很大，必须借助 GIS 才能完成。当计算人口集聚经济时，街道办矩心（人口）和邮政区矩心（企业）的距离构成了 216 × 291 的矩阵。计算企业集聚经济时，邮政区矩心之间的距离构成了 216 × 216 的矩阵。

计算完 P、M、PD 和 PS 之后，P*、M*、PD* 和 PS* 按照先前介绍的方式计算，从而减去先天属性作用力的影响。为保证结果相对应，人口集聚经济（P 和 P*）的单位设为 100000 人，企业集聚经济（P、M、PD、PS 和 P*、M*、PD*、PS*）的单位设为 1000 家企业。

2）检验假设

人口集聚经济因素代表劳动力市场共享和知识外溢带来的经济效益，假设其对于所有企业均有积极作用，尤其是对于生活服务业企业，居民是其最主要的客户，因此人口集聚经济因素应该在其空间分布格局中更为重要。对于不同行业的企业来说，生产者服务业理应更依赖于企业集聚经济，因为他们为其他企业提供服务，而不是城市居民。

理论上，企业集聚经济因素包括在同一行业中使企业获益的本地化经济，以及跨行业使企业获益的城市化经济。然而，为避免因变量（企业密度）和企业集聚经济自变量之间的共线性，回归中不对同一行业本地化经济进行研究。因为在同一行业中，特定邮政区的企业密度（D_M、D_{PD}、D_{PS}）与企业集聚经济的值（M*、PD*、PS*）高度相关。事实上，解决这个问题的一个途径是使用滞后变量，但因数据难以获得而受到限制。

6.4 研究发现

估算结果如表 6–2 至表 6–7 所示。对于不同门类（制造业、生产者服务业以及生活服务业）和所有制类型（本土或境外）的企业，参数估计、标准误差、显著性水平，以及 R^2、调整后的 R^2 和 F 值均在表中报告。

需要强调的是，境外企业仅占所有企业数量的一小部分（见表 5–3），本土企业的结果代表着上海企业的总体空间分布格局，其结果将分门类进行讨论。

6.4.1 制造业企业

根据回归模型 I 的结果，针对本土制造业企业模型的 R^2 为 0.596，也就意味着纯先天属性作用、先天属性通过后天属性而影响的作用以及纯后天属性作用，可以解释 59.6% 的企业密度对数变型后的方差（见表 6–2）。

上海本土制造业企业参数估计　　表 6–2

因变量：log 邮政区长期企业密度			
变量	回归模型 I	回归模型 II	回归模型 III
常数	4.080***（0.093）	2.508***（0.060）	2.998***（0.062）
DCBD	–0.035***（0.005）		
DAIRPORT	–0.003（0.006）		
DHIGHWAY	–0.068***（0.022）		
ETDZ	–0.151（0.126）		
NEWTOWN	0.884***（0.205）		
P		0.091*（0.048）	
PD		0.012（0.113）	
PS		0.385**（0.155）	
P*	0.009（0.055）		0.009（0.082）
PD*	–0.051（0.104）		–0.051（0.155）
PS*	0.380**（0.148）		0.380*（0.220）
R^2	0.596	0.491	0.086
Adjusted R^2	0.581	0.484	0.073
F 值	38.206	68.139	6.671

注：括号中为标准误差；*** 表示在 1% 的显著性水平上显著；** 表示在 5% 的显著性水平上显著；* 表示在 10% 的显著性水平上显著。

空间非均质性变量中，在 1%显著性水平上显著的有 DCBD、DHIGHWAY 和 NEWTOWN。CBD 和高速公路的符号为负，意味着两者均对本土制造业企业具有显著的拉力作用。模型中的系数可以解释为其他变量不变时，邮政区企业密度改变的比例（见 6.2 节公式（6–4）的数学表达）。也就是说，如果邮政区至 CBD 或高速公路的最短距离每减少 1 公里，企业密度将分别增加 3.5% 和 6.8%。NEWTOWN 为正同样表明新镇是对企业选址重要的拉力因素。根据系数，如果其他因素不变，一旦邮政区位于新镇，企业密度将增加 142%（$e^{0.884}$–1）。

对于这三个集聚经济变量，仅有生活服务业企业的净集聚经济变量在 5% 的显著性水平上显著，即拥有更多生活服务业企业的邮政区对本土制造业更具吸引力。如果生活服务业集聚经济增加 1000 家企业，本土制造业企业将增加 46%（$e^{0.380}$–1）。

根据回归方程 II 的分析结果，先天属性通过后天属性以及纯后天属性作用可以解释全部变量的 49.1%。根据回归方程 III 分析结果，后天属性作用可以解释全部变量的 8.6%。

因此，对于本土制造业企业，纯先天属性作用占 10.5%（59.6%–49.1%），先天属性通过后天属性占 40.5%（49.1%–8.6%），后天属性作用仅占 8.6%。

针对境外制造业企业模型的 R^2 为 0.726，也就意味着模型可以解释 72.6% 企业密度对数变型后的方差（见表 6–3）。

五个空间非均质性变量均显著，其中 DCBD、DAIRPORT、ETDZ 和 NEWTOWN 在 1%显著性水平上显著，DHIGHWAY 在 5%显著性水平上显著。CBD、DHIGHWAY 和 DAIRPORT 符号为负，表明它们对境外制造业企业具有拉力作用。根据系数，如果邮政区至 CBD、虹桥机场以及高速公路的最短距离减少 1 公里，企业密度将分别增加 3.6%，3.9% 和 6.1%。

ETDZ 和 NEWTOWN 符号为正，表明其对境外制造业企业均为拉力因素。根据系数，如果邮政区位于经济技术开发区或新镇，企业密度将分别增加 56% 和 193%。

对于三类集聚经济变量，仅有生产者服务业集聚经济在 1%的显著性水平上显著，也就意味着生产者服务业更多的邮政区对境外企业更具吸引力。生产者服务业每增加 1000 家企业，境外制造业企业的企业密度将增加 66%。

根据回归方程 II 的分析结果，先天属性通过后天属性以及纯后天属性可以解释全部变量的 44.5%。根据回归方程 III 的分析结果，纯后天属性作用可以解释 5.3%的变量。

因此对于境外制造企业，纯先天属性作用占 28.1%（72.6%–44.5%），先

上海境外制造业企业估计数据 **表 6–3**

因变量：log 邮政区长期企业密度			
变量	回归模型 I	回归模型 II	回归模型 III
常数	2.604***（0.111）		0.692***（0.091）
DCBD	–0.036***（0.006）		
DAIRPORT	–0.039***（0.007）		
DHIGHWAY	–0.061**（0.026）		
ETDZ	0.450***（0.150）		
NEWTOWN	1.077***（0.244）		
P		0.217***（0.072）	
PD		0.694***（0.171）	
PS		–0.248（0.234）	
P*	0.059（0.066）		0.084（0.121）
PD*	0.507***（0.124）		0.507**（0.227）
PS*	–0.209（0.176）		–0.236（0.324）
R^2	0.726	0.445	0.053
Adjusted R^2	0.715	0.437	0.040
F value	68.118	56.389	3.971

注：括号中为标准误差；*** 表示在 1%的显著性水平上显著；** 表示在 5%的显著性水平上显著。

天属性通过后天属性占 39.2%（44.5%–5.3%），纯后天属性占 8.6%。

对比境外企业与本土企业，可以发现四点不同：

首先，机场对境外制造企业十分重要，但对本土企业则不重要。这正符合上海大部分境外制造企业以出口为导向，因而更依赖于航空运输的事实。

其次，ETDZ 仅对境外制造业企业更有意义，而对本土制造业甚至起到负面作用（推力作用）。结果表明上海的经济技术开发区在吸引外商投资上具有重要作用，但对本土制造企业的空间分布影响甚微。

再次，境外制造企业更重视生产者服务业，而本土制造企业更重视生活服务业。前者可能因为境外企业就像进入未知环境的新进入者，相比熟悉本地市场的本土企业，更依赖于生产者服务业，因而更重视与生产者服务业高度相关的集聚经济。后者可能因为本土制造业企业的员工多为当地居民（即上海人）；而境外制造企业的员工相对更多为来自于其他省份的流动人口。家在上海的本地居民比流动人口更重视生活服务业。因此本地制造业企业更加重视生活服务业。

最后，先天属性对境外制造企业分布的影响明显高于对本土制造企业分布的影响，也就意味着拥有良好基础设施和优惠政策的区位更受境外制造企业的青睐。

6.4.2 生产者服务业企业

表 6–4 为本土生产者服务业企业的回归结果。回归方程 I 的 R^2 为 0.757，表明可以解释本土生产者服务业企业密度对数变型后 75.7% 的方差。

空间非均质性变量 DCBD、DHIGHWAY 和 NEWTOWN 均在 1%的显著性水平上显著。三个变量的系数表明，所有因素均对本土生产者服务业企业具有拉力作用。如果邮政区至 CBD 或高速公路的最短距离每减少 1 公里，企业密度将分别增加 6.7% 和 14.5%。如果邮政区位于新镇，企业密度将增加 325%。

三个集聚经济变量均显著，其中人口和制造业集聚经济变量在 10%的显著性水平上显著，而生活服务业集聚经济在 5%的显著性水平上显著。这与通常认为生产者服务业客户为其他企业，尤其是制造企业的认识相吻合。同时，

上海本土生产者服务业企业参数估计 表 6–4

因变量：log 邮政区长期企业密度			
变量	回归模型 I	回归模型 II	回归模型 III
常数	4.551***（0.135）	0.956***（0.130）	2.598***（0.104）
DCBD	–0.067***（0.007）		
DAIRPORT	0.001（0.008）		
DHIGHWAY	–0.145***（0.032）		
ETDZ	–0.151（0.184）		
NEWTOWN	1.448***（0.300）		
P		0.312***（0.068）	
M		1.028***（0.194）	
PS		0.553***（0.173）	
P*	0.415***（0.086）		0.415***（0.147）
M*	0.804***（0.209）		0.804**（0.357）
PS*	0.329*（0.183）		0.329（0.313）
R^2	0.757	0.729	0.272
Adjusted R^2	0.748	0.725	0.262
F value	80.713	190.362	26.399

注：括号中为标准误差；*** 表示在 1%的显著性水平上显著；** 表示在 5%的显著性水平上显著；* 表示在 10%的显著性水平上显著。

系数表明，制造业集聚经济每增加1000家企业，生产者服务业企业密度将增加123%；生活服务集聚经济每增加1000家企业，生产者服务业企业密度将增加38%；人口集聚经济每增加100000人，生产者服务业企业密度将增加51%。

根据回归方程II的分析结果，先天属性通过后天属性以及纯后天属性作用可以解释72.9%的变量。根据回归方程III的分析结果，纯后天属性可以解释27.2的变量。因而对于本土生产者服务业企业，纯先天属性仅占2.8%，先天属性通过后天属性占45.7%，纯后天属性占27.2%。

如表6–5所示，根据回归分析I，境外生产者服务业企业R^2为0.824，意味着可以解释82.4%的企业密度对数变型后的方差。

空间非均质变量有四个在1%的显著性水平上显著，即DCBD、DAIRPORT、DHIGHWAY和NEWTOWN。其中，DCBD和DHIGHWAY符号为负，表明其对境外生产者服务业企业具有拉力作用。根据系数，如果邮政区至CBD和高速公路的最短距离每减少1公里，企业密度分别增加14.9%和

上海境外生产者服务业企业参数估计 **表6–5**

因变量：log 邮政区长期企业密度			
变量	回归模型I	回归模型II	回归模型III
常数	2.421***（0.159）		–0.317*（0.191）
DCBD	–0.149***（0.010）		
DAIRPORT	0.037***（0.013）		
DHIGHWAY	–0.217***（0.051）		
ETDZ	0.299（0.281）		
NEWTOWN	1.178***（0.397）		
P		0.604***（0.103）	
M		0.517（0.319）	
PS		0.490*（0.262）	
P*	0.179（0.116）		0.258（0.245）
M*	–0.497***（0.289）		–0.933（0.606）
PS*	0.799***（0.240）		0.821（0.506）
R^2	0.824	0.734	0.189
Adjusted R^2	0.815	0.729	0.174
F value	92.338	150.156	12.638

注：括号中为标准误差；*** 表示在1%的显著性水平上显著；* 表示在10%的显著性水平上显著。

21.7%。NEWTOWN 系数为正表明其对生产者服务业同样具有拉力作用。根据系数，如果邮政区位于新镇，企业密度将增加 224%。有些意外的是，机场是显著的推力因素，表明境外生产者服务业企业根本不重视邻近机场。

在三类集聚经济变量中，制造业和生活服务业集聚经济在 1% 的显著性水平上显著，但符号不同。根据系数，生活服务业集聚经济更受境外生产者服务业企业关注。生活服务业每增加 1000 家，境外生产者服务业企业密度增加 122%。这可能是由于境外生产者服务业企业的员工薪水相对较高，因而更注重生活服务业。然而，制造业集聚经济的增加导致 39% 的减少，意味着境外生产者服务业企业尽量避免靠近制造企业。

根据回归方程 II 的分析结果，纯先天属性通过后天属性和纯后天属性能够解释全体变量的 73.4%。根据回归方程 III，纯后天属性解释 17.4% 的变量。因此对于境外生产者服务业企业，纯先天属性作用占 9.0%，先天属性通过后天属性占 54.5%，纯后天属性作用占 18.9%。

对比本土和境外生产者服务业企业，可以归纳出三点不同：

首先，境外生产者服务业企业相比本土企业更重视 CBD 的影响作用。根据调查，大多数 A 级办公楼，即上海质量最好、租金最贵的办公楼，主要由境外生产者服务业企业占据，表明这类企业更重视 CBD 的声誉，并具有更高的租金承担能力（Han 和 Qin，2007）。这也可以解释是为何本土生产者服务业企业有时避免选择城市中心区位，而境外企业却乐衷于此，这种现象在第七章的案例分析中也将得到反映。

其次，制造业集聚经济影响对于本土生产者服务业企业为显著的正相关，而对境外企业则呈现显著的负相关。可见，本土企业和境外企业具有明显不同的区位选择行为，本土生产者服务业依然倾向于靠近制造业布局，境外生产者服务业则倾向于远离制造业。

最后，纯先天属性作用对境外生产者服务业企业的影响是对国内企业的两倍，表明境外生产者服务企业同样更重视空间可达性和优惠政策的意义。

6.4.3 生活服务业企业

表 6-6 为对本地生活服务业回归分析的结果。根据回归 I 分析，本土生活服务业 R^2 为 0.867，即方程能够解释 86.7% 企业密度对数变型后的方差。

五个空间非均质变量均显著，但其符号和显著性水平各不相同。系数表明，如果邮政区至 CBD 和最近高速公路距离每减少 1 公里，企业密度将分别增加 9.4% 和 12.1%。然而，如果邮政区至虹桥机场距离每减少 1 公里，企业密度减少 1.3%。

NEWTOWN 为一个显著的空间拉力因素。当其他变量固定时，如果邮政区位于新镇，生活服务业企业的密度将增加 441%。然而，ETDZ 对本土生活服务业企业呈现显著地推力因素。其他变量固定时，如果邮政区位于经济技术开发区，生活服务业企业密度将减少 33%。

所有集聚经济变量均显著，其中人口集聚经济在 1%的显著性水平上显著，制造业和生产者服务业分别在 5%和 10%的水平上显著。系数表明，人口集聚经济每增加 100000 人，企业密度增加 66%。同时，制造业集聚经济或生产者服务业集聚经济每增加 1000 家，企业密度将分别增加 45%和 19%。这正符合生活服务业与人口分布紧密联系的常识。

根据回归方程 II，先天属性通过后天属性和纯后天属性能解释全体变量的 82.9%。回归方程 III，纯后天属性解释全体变量的 23.7%。因此，本土生活服务业企业纯先天属性作用仅占 3.8%，先天属性通过后天属性占 59.2%，纯后天属性影响占 23.7%。

表 6-7 是对境外生活服务业回归的结果。根据回归方程 I，境外生活服务

上海本土生活服务业企业参数估计 表 6-6

因变量：log 邮政区长期企业密度			
变量	回归模型 I	回归模型 II	回归模型 III
常数	4.939***（0.108）	0.880***（0.110）	2.626***（0.115）
DCBD	–0.094***（0.006）		
DAIRPORT	0.013*（0.007）		
DHIGHWAY	–0.121***（0.025）		
ETDZ	–0.400***（0.146）		
NEWTOWN	1.690***（0.238）		
P		0.561***（0.036）	
M		0.809***（0.172）	
PD		0.205*（0.112）	
P*	0.510***（0.045）		0.510***（0.106）
M*	0.372**（0.171）		0.372（0.404）
PD*	0.175*（0.105）		0.175（0.249）
R^2	0.867	0.829	0.237
Adjusted R^2	0.862	0.827	0.226
F value	168.405	342.467	21.912

注：括号中为标准误差；*** 表示在 1%的显著性水平上显著；** 表示在 5%的显著性水平上显著；* 表示在 10%的显著性水平上显著。

上海境外生活服务业企业参数估计 表 6-7

因变量：log 邮政区长期企业密度			
变量	回归模型 I	回归模型 II	回归模型 III
常数	1.215***（0.147）	−2.4520***（0.178）	−0.493***（0.140）
DCBD	−0.100***（0.008）		
DAIRPORT	0.013（0.010）		
DHIGHWAY	−0.151***（0.053）		
ETDZ	−0.779***（0.197）		
NEWTOWN	1.267***（0.294）		
P		0.499***（0.040）	
M		−0.432**（0.210）	
PD		0.644***（0.119）	
P*	0.416***（0.053）		0.621***（0.107）
M*	−0.709***（0.202）		−0.897**（0.414）
PD*	0.642***（0.114）		0.623***（0.233）
R^2	0.896	0.869	0.539
Adjusted R^2	0.888	0.866	0.527
F value	121.364	261.256	45.952

注：括号中为标准误差；*** 表示在 1%的显著性水平上显著；** 表示在 5%的显著性水平上显著。

业企业 R^2 为 0.896，即 89.6% 的企业密度对数变型的方差能够得到解释。

空间非均质性变量在 1%的显著性水平上显著的有 DCBD、DHIGHWAY、ETDZ 以及 NEWTOWN。系数表明，如果邮政区至 CBD 以及高速公路的最短距离每减少 1 公里或邮政区位于新镇，那么企业密度将分别增加 10.0%、15.1%和 255%。

三个集聚经济变量均显著，但符号不同。ETDZ 和 M* 符号为负，表明境外生活服务业企业避免选择靠近制造企业的区位。如果邮政区位于经济技术开发区，境外生活服务业企业密度将减少 55%。如果制造业集聚经济变量每增加 1000 家，境外生活服务业企业密度减少 41%。

对于其他两类集聚经济变量，人口集聚经济和生产者服务业集聚经济均表现为明显的拉力作用。人口集聚经济每增加 100000 人，境外生产者服务业企业密度增加 51%，生产者服务业企业增加 1000 家，企业密度增加 90%。

根据回归方程 II 的分析结果，纯先天属性通过后天属性和纯后天属性能够解释全体变量的 86.9%。根据回归方程 III，纯后天属性解释 53.9%的变量。

因此对于境外生活服务业企业，纯先天属性作用占 2.7%，先天属性通过后天属性占 33%，纯后天属性作用占 53.9%。

对比本土和境外生活服务业企业，可以归纳为两点：

首先，境外生活服务业企业表现出强烈的避免靠近制造企业的意愿，而本土生活服务业仍然重视其到制造企业的邻近程度。

其次，纯后天属性对境外生活服务业企业的影响范围向高于对本土企业的影响，也就是说，境外企业不如本土企业依赖于空间非均质性因素影响。

6.5 讨论

6.5.1 空间非均质性变量

表 6–8 总结了空间非均质性变量 DCBD、DAIRPORT、DHIGHWAY、ETDZ 以及 NEWTOWN 的系数和显著性水平，由回归方程 I 得出。

DCBD 对于所有企业来说均为重要因素。DCBD 的回归系数与第五章中的结论保持一致。由于本土企业在数量上占主导地位，其区位代表了上海企业一般的区位分布。总体来说，生活服务业企业比生产者服务业更重视靠近 CBD 的价值，而生产者服务业企业比制造业更加重视。

对于境外企业来说，无论属于制造业、生产者服务业还是生活服务业，都高度重视 CBD 的可达性。靠近 CBD 的意愿可通过高租金的支付能力来反

分门类和所有制结构的空间非均质性变量估计结果　　表 6–8

变量		制造业	生产者服务业	生活服务业
DCBD	本土企业	–0.035***	–0.067***	–0.094***
	境外企业	–0.036***	–0.149***	–0.100***
DAIRPORT	本土企业	–0.003	0.037***	0.013*
	境外企业	–0.039***	0.015	0.013
DHIGHWAY	本土企业	–0.068***	–0.145***	–0.121***
	境外企业	–0.061**	–0.217***	–0.151***
ETDZ	本土企业	–0.151	–0.151	–0.400***
	境外企业	0.450***	0.299	–0.779***
NEWTOWN	本土企业	0.884***	1.448***	1.690***
	境外企业	1.077***	1.178***	1.267***

注：*** 表示在 1%的显著性水平上显著；** 表示在 5%的显著性水平上显著；* 表示在 10%的显著性水平上显著。

映。此外，境外企业中生产者服务业最为重视 CBD 的影响。境外生产者服务业企业的 DCBD 系数（–0.149）明显高于（至少 50%）其他类型的 DCBD 系数，这一结果正符合上海 CBD 办公楼由境外生产者服务业的企业租住为主的现象（SoFang，2006）。

到虹桥机场的距离不仅对于境外制造业企业是一个重要的拉力因素，对于本土生产者服务业企业和生活服务业企业则是重要的推力因素。结果表明航空运输对于境外制造业来说十分关键。然而，本土的生产者服务业和生活服务业企业则远离机场，这或许是由于机场带来噪声或其他滋扰缘故（例如交通拥挤）。

至高速公路的最短距离对于所有企业均很重要，也就意味着陆路运输是上海企业最频繁使用的方式。系数结果表明，DHIGHWAY 对企业空间分布的影响程度随着生产者服务业、生活服务业和制造业依次减弱。

经济技术开发区对境外制造业企业为显著的拉力因素，这正与政府政策所设想的作用相一致。然而从系数来看，经济技术开发区对本土制造业企业分布具有负面作用，这反映经济技术开发区的相关政策，或者在实际操作中，对本土企业具有一定歧视。近几年来，很多学者认为经济技术开发区的政策应被重新审查和修改，以更好地推动本土和境外制造企业的集聚和发展（Zhen，2004）。

新镇对所有企业均十分重要。1983 年总体规划确定的 11 个新镇在上海中心外围的乡村地区发挥"磁铁"性作用。尽管与中心城区相比，新镇规模较小，但在塑造上海企业区位选择行为中发挥重要作用。系数结果表明，新镇对企业空间分布的影响程度分别按照生活服务业、生产者服务业以及制造业依次递减。如果上海城市空间向多中心格局转变，那么新镇将在不久的将来发挥愈来愈重要的作用。

6.5.2 集聚经济变量

表 6–9 总结了空间非均质性变量 P*，M*，PD* 以及 PS* 的系数和显著性水平，由回归方程 I 得出。

人口与本土企业集聚之间的联系可总结为图 6–1。箭头越粗，影响更大。影响根据重要性程度分为三类（强、中、弱）。如图所示，本土企业最重要的联系有三：人口对生活服务业的积极影响、人口对生产者服务业的影响以及制造业对生产者服务业的影响，其结果与基础 / 非基础部门理论及其空间影响基本保持一致（Stabler 和 Louis，1990）。

毫无疑问，生活服务业属于为本地人口服务的非基础部门，因此人口对

分门类和所有制的集聚经济变量估计结果 **表 6–9**

变量		制造业	生产者服务业	生活服务业
P*	本土企业	0.009	0.415***	0.510***
	境外企业	0.059	0.179	0.416***
M*	本土企业		0.804***	0.372**
	境外企业		–0.497***	–0.709***
PD*	本土企业	–0.051		0.175*
	境外企业	0.507***		0.642***
PS*	Domestic	0.380**	0.329*	
	境外企业	–0.209	0.799***	

注：*** 表示在 1% 的显著性水平上显著；** 表示在 5% 的显著性水平上显著；* 表示在 10% 的显著性水平上显著。

生活服务业的影响积极而且显著。由于上海本土生产者服务业尚处于早期阶段，因而它们更倾向于为满足本地需求，尤其是制造业企业服务，也属于非基础部门。

除了这些强的联系以外，制造业和生活服务业企业联系强度中等，生产者服务业和生活服务业联系强度较弱，这意味着条件较好的生活服务业区位由制造业和生产者服务业企业所决定。同时在城市内部层面，人口密度并不对制造业分布产生影响，尽管它们在城际层面显得比较重要。

人口与境外企业集聚之间的联系可总结为图 6–2。如图所示，境外企业最重要的联系有六个：人口对生活服务业的积极影响、生活服务业对境外生产者服务业、境外制造业、生活服务业对境外生产者服务业，以及制造业对境外生产者服务业和境外生活服务业的消极影响。显然，境外生活服务业同样表现为服务本地人口的非基础部门倾向。

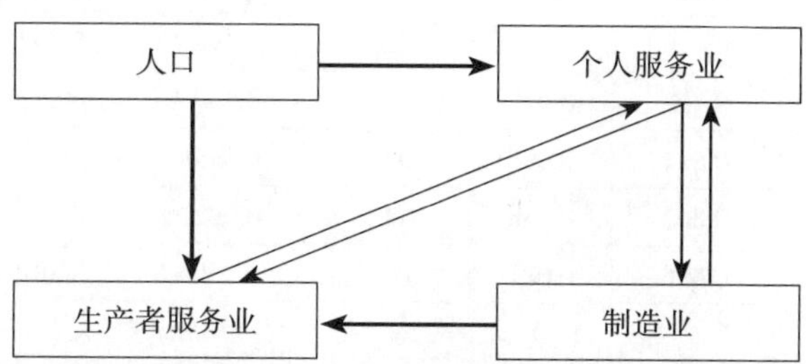

注：箭头指向表示正的作用力；最粗的箭头表示在 1% 的显著性水平上显著，中等粗的箭头表示在 5% 的显著性水平上显著，最细的箭头表示在 10% 的显著性水平上显著。

图 6–1 本土企业人口、制造业、生产者服务业、生活服务业之间的联系

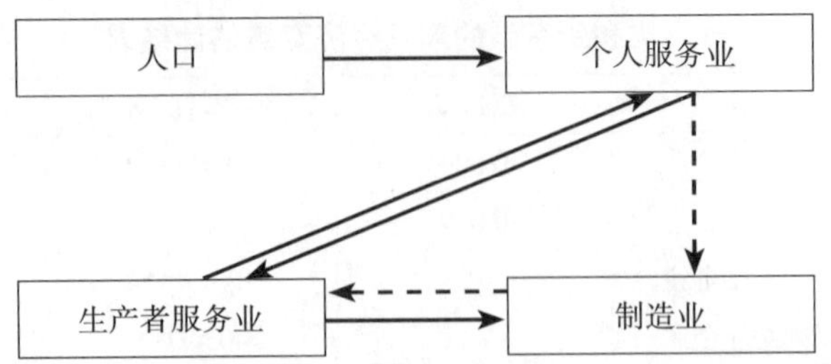

注：实线箭头指向表示正的作用力，虚线箭头指向表示负的作用力；所有箭头均表示在1%的水平上显著。

图 6–2　境外企业人口、制造业、生产者服务业、生活服务业之间的联系

对于境外企业来说，其显著特征是生产者服务业对生活服务业和制造业企业均十分重要，也就意味着境外企业由于其并不熟悉当地市场环境，因而更需要生产者服务业的帮助。同时，境外生产者服务业和生活服务业均与制造业企业表现为负显著的联系，即境外服务业企业会试图避免选择邻近制造业企业的区位。

6.5.3　先天属性作用与后天属性作用

表 6–10 总结了纯先天属性、先天属性通过后天属性影响以及纯后天属性对不同类型的企业空间分布的绝对影响和相对影响。对纯先天属性来说，制造业是最易受影响的门类，即制造业企业更受空间非均质性因素影响。同时，境外制造业和境外生产者服务业企业分别比本土制造业和生产者服务业更易受到影响。

分门类和所有制的先天属性和后天属性作用影响估计结果　　表 6–10

	全部解释	纯先天属性	比例（%）	先天属性通过后天属性	比例（%）	纯后天属性	比例（%）
本土制造业	0.596	0.105	17.6	0.405	68.0	0.086	14.4
境外制造业	0.726	0.281	38.7	0.392	54.0	0.053	7.3
本土生产者服务业	0.757	0.028	3.7	0.457	60.4	0.272	35.9
境外生产者服务业	0.824	0.090	10.9	0.545	66.1	0.189	22.9
本土生活服务业	0.867	0.038	4.4	0.592	68.3	0.237	27.3
境外生活服务业	0.896	0.027	3.0	0.330	36.8	0.539	60.2

对纯后天属性来说，生产者服务业是最易受到影响的门类，其次依次为生活服务业和制造业企业，这意味着生产者服务业更依赖于商业互动环境，而不是地理环境。同时，境外生活服务业强烈依赖纯后天属性。

结果表明，一般的上海制造业企业更依赖于空间非均质性，因而依赖于基础设施建设和政府政策，而生产者服务业更依赖于集聚经济，因而倾向于选择在城市中已形成企业集聚的区域。提供良好的基础设施和优惠政策能够吸引制造业投资，但不足以吸引生产者服务业。此外，如果城市从单中心格局向多中心格局转变，生产者服务业将发挥关键性作用，而不是制造业，因为前者有更强的能力来自我加强集聚作用。这在西方国家城市中的“新郊区化”进程中也已得到反映（Stanback，1991）。

6.6 小结

对于上海占所有企业94%的本土企业而言，制造业对至CBD的距离、至最近高速公路的距离、新镇以及生活服务业集聚经济等因素敏感；生产者服务业对至CBD的距离、至高速公路的最短距离、新镇、人口集聚经济和制造业集聚经济等因素敏感；生活服务业企业对至CBD的距离、至高速公路的最短距离、新镇和人口集聚敏感。

事实上，制造业企业较少地依赖于集聚经济变量能部分解释第五章中所发现的制造业是最为空间扩散的门类。同时生产者服务业强烈受到制造业和人口集聚经济的影响，因而较仅受到人口集聚经济影响的生活服务业空间分布更为扩散。

同时，境外企业与本土企业呈现不同的区位选择影响因素。与本土企业相比，境外制造业企业对生产者服务业集聚经济，而不是生活服务业集聚经济更为敏感；境外生活服务业避免选择邻近制造业集聚的区位，而本土生活服务业更重视邻近制造业集聚的价值。这一事实解释了第五章中为何境外企业与本土企业呈现不同的空间格局。

总而言之，不同门类和不同所有制的企业个体受到空间非均质性因素和集聚经济因素的不同影响。同时，这种差异性正可以解释在先前章节中所观察到各类型企业空间格局的差异。

7 企业区位选择的博弈过程

7.1 引言

理解企业空间分布格局一个非常重要的角度是掌握微观层面企业个体区位选择的相互作用过程，包括制度网络的安排、正式或非正式的管理条例以及参与方之间的博弈过程（见第 2 章的相关文献综述）。本章将通过五个企业成立或搬迁的案例研究，解释上海企业在区位决策形成的过程中，是如何与相关参与方相互作用、博弈直至最终选择的。

案例研究的优势在于可为理论或规律进行验证，而这些理论规律往往源自于整体归纳或数据分析。因此，本章的研究并不仅是为了验证（或推翻）第 5 章和第 6 章中的研究发现，还要对上海企业区位选择行为进行更为全面、深入的探讨，从而理解企业区位选择行为背后的“制度网络”。

7.2 分析框架

本章的研究框架借鉴 Healey（1992）在房地产发展过程研究中所开创的“结构 – 行为人”模型，以实证为导向，建立四个层次的研究框架。

（1）首先，绘制地图，描述企业区位变化（例如建立或搬迁）。

（2）其次，理性分析和识别区位决策过程中的各种参与方，以及他们的谈判能力及其相互之间的关系。

（3）之后，分析重要参与方的决策及其偏好，并将其与结构性安排和制度相联系。

（4）最后一层是基于实证的研究发现，将区位决策行为模式理论化。

其中的前两层次将在 7.3 节中将进行探讨，而后两个层次将分别在 7.4 和 7.5 节中总结。

本章的主要研究猜想是：不同企业及其他机构参与方的策略和偏好，其在议价过程中的相对地位以及各种限制决定每个企业区位选择的特殊性，并最终形成城市内部企业空间分布格局。

与第 6 章通过统计数据发现的结论直接相关的两个研究猜想是：

（1）不同的经济部门在区位决策时嵌入在不同的制度网络中，这也与该部门产品的性质有关。例如，生产实体货物的制造工厂通常具有大量的土地需求，因此他们有时需要与拥有土地的当地政府或其代理商（例如国有开发商）直接谈判；而提供无形服务的服务业企业规模较小，因而通常直接与办公楼开发商或管理人员直接谈判；

（2）不同所有制类型的企业也同样处于不同的制度网络。例如，尽管国有企业在开发政策和政府管理中已经获得较大的自主权，但是他们仍然受政府控制，尤其是大型企业在进行区位决策时。此外，外资企业和私营企业相比国有企业更依赖于市场机制。

在此框架下，研究通过采访和田野调查搜集数据，选取了五个案例，分别是瓦克集团（上海）、上海申安纺织有限企业、仲量联行（上海）、上海伊顿展览企业以及麦德龙集团（上海）。所有企业均为 20 世纪 90 年代以后新成立或迁至上海的企业，涵盖了不同门类（制造业、生产者服务业和生活服务业）、不同所有制（外资企业、国有企业和私营企业）以及不同的企业规模（大型或中小型企业）。同时，他们的区位选择过程也包含不同的参与方，例如市政府、区 / 镇政府、开发区开发商以及私营房地产开发商。

7.3 案例介绍

7.3.1 瓦克集团（上海）

瓦克集团成立于 1903 年，总部位于德国慕尼黑，是一家专营化学品的跨国企业。2005 年，瓦克集团销售总额为 27.557 亿欧元，全球员工总数为 14434 名（来源：www.wackergroup.com，2006）。其 5 个主要业务为瓦克有机硅、瓦克聚合物、瓦克精细化学品、瓦克多晶硅和世创电子材料。产品类别从食物添加剂、纺织原料、建筑材料到半导体和芯片。

1995 年，瓦克集团瞄准中国的庞大市场入驻上海，建立销售部，仅有不到 7 名员工（事实上，起初时员工人数并不固定）。办事处最原始的区位位于杨浦区同济大学的德国中心（见图 7–1）。德国中心由中国中央政府和德国政府共同建立扶持，是中小型德国企业在中国的“孵化器”，就如同“经济的大使馆”（来源：www.germancentershanghai.com，2006）。中国经济的快速发展推动大量的德国企业进入这个庞大市场。然而，仅有一部分企业（像西门子、大众这样的大企业）才有能力研究和了解本土市场。

为发展中小型企业，上海市政府成立德国中心，同时受中央政府和德国政府通过位于上海的德国领事馆扶持。选择同济大学建立中心是因为，历史上同济大学于 1907 年由德国教授 Erich Paulun 成立。自那时起，学校就与德国学者和政府机构维持长时间的合作关系，因此学校中很多人都能说德语。1996 年开始，Beyerische Landesbank（即巴伐利亚州银行，总部位于慕尼黑）重新投资并管理德国中心。该银行为其中的中小企业提供一系列优惠服务，从咨询、翻译、展示到法律服务。至 2004 年，中心进驻了 100 多家德国中小型企业，其中有 10 家以上发展壮大，并在上海或其周边地区建立工厂（来源：www.germanycentershanghai.com，2006），其中一个就是瓦克集团。

1995 ~ 2000 年，瓦克集团销售部的主要职责是推动并扩大瓦克集团在国外生产的产品市场，同时搜集并开展中国市场的相关研究。2000 年，随着市场的扩大以及销售量的增加，办事处需要更多的技术支持。因此，瓦克集团在浦东区的张江高科技园区建立了研究与开发（R&D）中心。销售部也与 R&D 中心合并，从德国中心迁往科技园区。当年，瓦克集团在上海的企业规模依然较小，员工规模约为 30 人。

瓦克集团（上海）一位高级办公人员称，选择张江高科技园区的原因有三个：

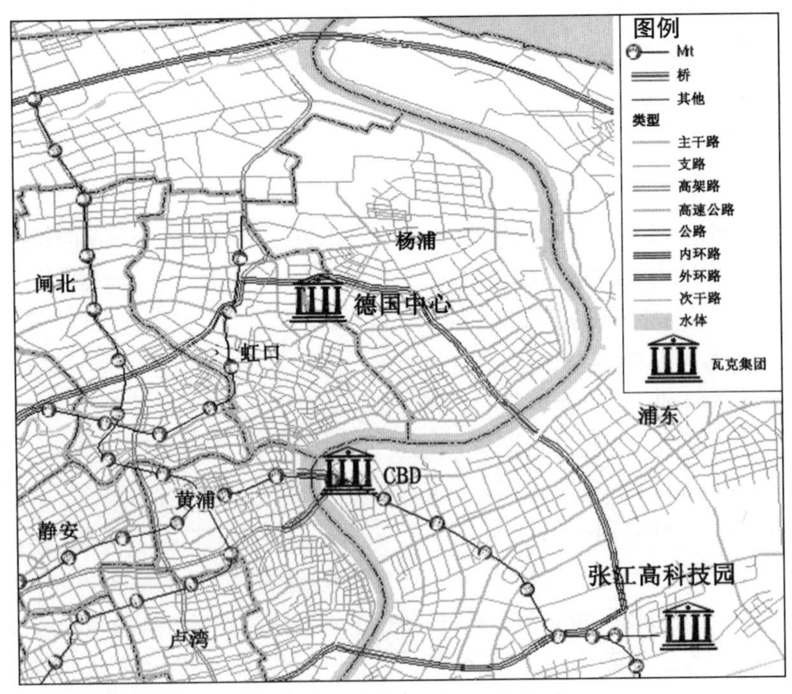

图 7–1　瓦克集团在上海的区位

（1）首先，园区的地理环境能够满足瓦克集团的需求。道路、已经建好的厂房和办公楼、水电系统、其他设施（例如：绿地、公园等）均按一流标准建设。同时，园内生活服务业（例如：餐厅、咖啡厅、摆渡车）经仔细规划，为员工生活提供保障。

（2）其次，瓦克集团进驻时园内已经有一定数量的 IT 企业和 R&D 中心集聚。R&D 环境已经成熟，有助于促进集团在短时期内得以适应。

（3）再次，一系列优惠政策为园区企业提供保障，包括税收减免政策（例如免除包括高技术产品在内的进口设备关税和增值税，免除进口知识产权的关税和增值税）、人力资源扶持政策（例如为企业非上海籍的员工申请上海市户口）等（来源：www.zjpark.com，2006）。

瓦克集团在区位选择过程中表现十分积极，而市政府、浦东区政府以及园区开发商则相对消极，他们并未采取任何措施吸引集团，因为瓦克集团 R&D 中心相比同行规模较小。例如，园区中的中芯国际集成电路制造有限企业是世界领先的半导体制造企业之一，在纽约证券交易所和香港证券交易所均有上市（来源：www.smics.com，2006）。园内的其他巨头包括上海超级电脑中芯、联想 R&D 中芯、中兴 R&D 中芯、通用 R&D 中芯、杜邦 DuPont 中芯等，其员工人数均达上百人。

显然，瓦克集团的博弈能力低于张江高科技园区的开发商 / 管理者，也就是名为“张江开发公司”的国有企业。但是一旦进入园区，企业就能同其他企业一样享受优惠政策和高质量环境。为了进入园区，瓦克集团以生产特定芯片为由，进入有关当局（上海科技委）定义的“高技术”产品名单，成功获得由市政府颁发的高技术企业认证，但其实芯片仅占到了瓦克集团企业产品的很小一部分。最后，瓦克集团 R&D 中心 / 销售部被园区开发商批准进驻张江科技园。

在接下来的四年内，瓦克集团无论是销售额还是员工数量，都在中国快速扩张。2003 年，瓦克集团将其大中华区总部从新加坡移至上海的 R&D 中心。2004 年为了满足快速增长的需求，瓦克集团建立了一家毗邻 R&D 中心的小型工厂（约 10 名员工），并开始生产有机硅乳液。

2005 年，瓦克集团决定在上海成立瓦克化学投资（中国）有限企业，当时员工规模（包括中心、销售部以及工厂）约为 350 人。然而，张江科技园的 R&D 中心严重缺少办公用地。因此，瓦克集团买下了位于上海中央商务区——浦东金融区的中国银行大厦 31 层，以适应总部管理职能需要。

同年，集团成立大型工厂生产可再分散乳胶粉。然而，新工厂并不位于上海，而位于上海周边苏州市的县级市张家港。一位高管人员透露，选择张家港而非上海外围地区的重要原因，在于张家港政府给予瓦克集团更多关注，并赋予更多优惠政策保障（例如更廉价的土地、更少的税收）。换句话说，瓦克集团在与相对更小、发展更慢的城市（或区、县）谈判中具有更大的议价权。

总体而言，瓦克集团在上海的扩张经历了多次区位选择的过程(见图 7-2)。最初，集团仅在有中国和德国政府联合建立的孵化器中建立了小型销售部，此处有充足的、能说德语的劳动力资源；随后，集团迁往上海郊区的高科技工业园区，此处具有高质量的物质环境和与园区挂钩的有利环境和政策；如今，集团由位于园区内的 R&D 中心、中心附近的小型工厂、位于上海中央商务区的大中华区总部以及位于毗邻城市的大型工厂共同组成。

7.3.2　上海申安纺织企业

上海申安纺织有限企业的历史可以追溯到 20 世纪 30 年代。当时一家英国企业买下浦东区陆家嘴的一块土地，成立了纶昌纺织厂（见图 7-2）。是自 1934 年就拥有 1800 名员工的大企业。

随着 1949 至 1956 年的国有化进程，纶昌纺织厂向国有企业转型，更名为上海第十纺织厂。该厂自 20 世纪 50 年代至 90 年代经历了“黄金时期”，是当时上海纺织工业的“重点企业”和“明星企业”（Shanghai Textile Almanac，1998）。

然而在 1995 年，为了配合上海市 CBD 陆家嘴金融区的开发，上海市政府要求上海第十纺织厂进行搬迁。事实上，第十纺织厂正位于现在上海标志性建筑——东方明珠竖立的地点。

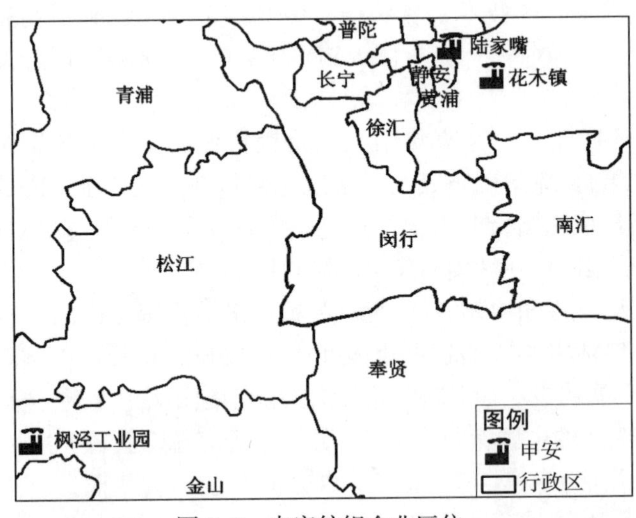

图 7-2　申安纺织企业区位

在重新选择区位的过程中，该厂由于是一家典型的“国有企业”，因而自身没有任何选择或议价权力。同时，纺织厂被要求与上海第二十八纺织厂合并，成立名为“安达”的新企业。合并之后，安达企业拥有大约5000名员工和5200名退休人员，企业位于花木镇湖南路428号（见图7-2），也就是原先第二十八纺织厂的区位。尽管新的区位依然位于浦东区，但其已经在内环路和外环路之间。

接下来的几年中，随着上海纺织工业的衰落，安达企业退休人员占其劳工总人数的一半以上，同样也面临着严重的经营效率低下等问题。在此期间，企业面临着越来越多的挑战，包括资金短缺、技术落后，甚至员工冗余。“在那段时间，光是用于退休职工的医疗需求之处就达到了每月80万元，这对于企业来说已经完全负担不起”（选自对企业领导人Chen Guozheng女士的采访）。总的来说，企业仅挣扎着生存，而不是为了赚取任何利润。

2002年，为了配合浦东干部学院建设，上海市政府再次要求安达企业搬迁。与前次搬迁不同，此次企业体制改革后获得了更多自主权（详见4.2.2节）。因此在这次搬迁中，企业在区位决策制定过程中扮演着积极参与方，并将再次选择区位作为下个阶段企业改革的机会。

通过与市政府及其他政府机构（例如上海发改委、上海纺织局）直接谈判之后，安达企业的管理人员成立一个名为“申安”的新企业，并将企业迁至枫泾工业园。安达企业的所有员工，包括核心骨干和技术人员皆被解雇。随后，仅有那些企业需要的人才与新企业重新签订合同。

这个过程很严酷，因为大多数员工事实上都失业了。其中一些不愿意迁至枫泾，因其远离中心城区太远，缺乏“城市便捷的环境”，而另一些人由于其被认为“无能”为新企业服务而被闲置。最后，当申安企业于2004年重新运作的时候，仅有先前安达企业大约100名员工于申安企业获得了新合同，其中大多数为核心骨干和技术人员。

企业的新区位位于外环路外金山区的枫泾工业园，远离城市中心。工业园由三个区组成，A区规划为纺织业集群，由金山区政府、中国纺织行业协会以及上海纺织（集团）有限企业合伙开发管理。园区视申安纺织有限企业为龙头企业，并希望其带动园区所有纺织及其相关产业发展。因此，申安公司处于较好的博弈能力，并在第二次搬迁后获得了一系列有利政策。

例如，企业比先前位于浦东的安达公司以更低的价格（根据参访者董女士透露“几乎免费”），获得了更大面积的土地（约8万m^2）。此外头三年中，朱泾镇收取的全部税收将返还企业，而金山区收取的税收有50%返还，上海市政府和中央政府收取税收的10%将给予返还。

总体来说，上海申安公司，前身为上海第十纺织厂以及安达企业，在浦东大开发前位于陆家嘴。1995年，上海市政府要求企业第一次搬迁到浦东的外围地区时，企业作为计划经济下典型的国有企业，别无选择地接受了搬迁要求。而2002年，企业再次被要求迁离浦东区。在这次搬迁中，企业获得了更多自主权，开始与政府、园区开发商议价，并获取了更多有利条件，例如裁员、有利的税收政策、廉价的土地资源等，从而取得较好的发展。

7.3.3 仲量联行（上海）

仲量联行（Jones Lang LaSalle JLL）于美国证券交易市场上市，是世界领先的房地产服务和基金管理企业，在全球拥有100多家办事机构。1999年，拉塞尔合伙企业（LaSalle Partners Incorporated）与仲量行（Jones Lang Wootton）合并后成立了仲量联行。仲量行成立于1783年，重点集中在欧洲和亚太地区；而拉塞尔合伙企业成立于1968年，重点集中在北美市场。2005年，仲量联行全球收入达到近14亿美元（来源：www.joneslanglasalle.com，2006. 12.）。

1990年，仲量行进驻上海，当时员工规模15人，销售额约100亿美元。企业早期主要职能是以房地产代理形式提供服务，并搜集本地房地产市场相关信息。企业办公地点首先位于虹口区的上海滩国际大厦（见图7–3）。该大厦是20世纪90年代早期上海为数不多的A级办公楼之一，位于苏州河与外滩对立的另一侧，由外白渡桥连接。

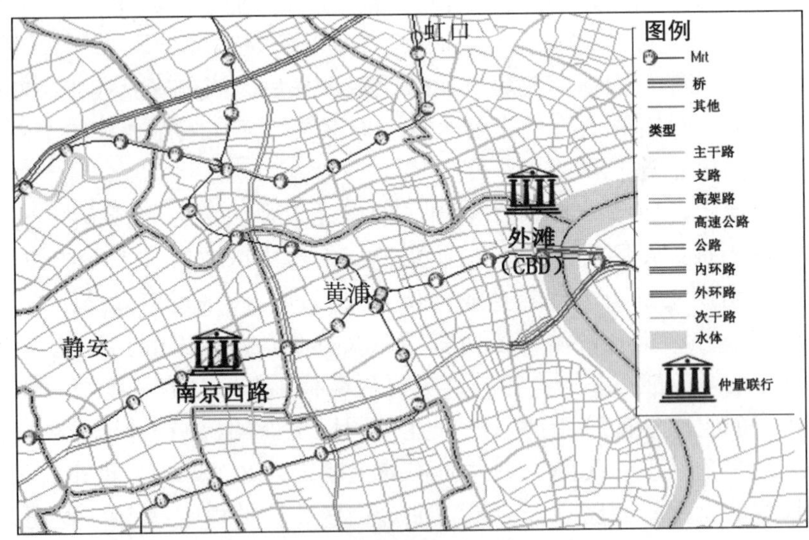

图7–3　仲量联行在上海的区位

外滩是上海最为著名，同时也是最贵的办公区，其历史可以追溯到百年前。尽管仲量联行最初仅为一个15名员工规模的小企业，但其选择了一个高租金、位置显赫的区位。其决策原因与企业的长期发展战略有关。企业一开始就定位于上海、甚至全国一流的房地产服务企业。

因此，"即便当时租金高的难以承受，名声亦为企业区位决策中的首选因素。因为在一定程度上，名声象征着高品质和高可信度，这对于仲量联行来说意义重大。同时，即使我们在最初处于困难时期，我们有信心将其赚回"，一位企业的被访者王先生说道。

2001年，随着员工规模扩张（约150人），上海滩国际大厦的办公空间不足，因此仲量联行搬迁至静安区南京西路一座全新的A级办公楼——恒隆广场，并租下一又四分之一层（约2250m²）。与外滩相似，静安同样也是上海市中心的历史街区。1932年以前，日本军队入侵上海，南京西路（当时的静安寺路）以娱乐中心而闻名全城，甚至整个远东地区（Shanghai Almanac，2001）。

然而，尽管南京西路是上海重要的商业街和酒店中心，但是直到恒隆广场完工，南京西路才成为优质办公楼的主要区位所在。2001年，上海两大办公中心为外滩和徐家汇，当时很少有与南京西路相关联的高档商业地产。

制定仲量联行从上海滩国际大厦搬迁至恒隆广场这一决策，很大程度上是基于其预测南京西路将发展成为上海主要的办公中心，这在几年之后被证实确实如此。在恒隆广场完工后的很短时间内，越来越多的A级办公楼屹立在南京西路，包括中信泰富广场（CITIC Square）、嘉里中心（Kerry Center）、南证大厦（Nanzheng Tower）、中欣大厦（United Plaza）以及梅龙镇广场（Westgate Tower）。南京西路一跃成为上海办公中心之一，也是如今办公最贵的区位（SoFang，2006；Colliers，2005）。商务服务在南京西路集聚，满足了仲量联行的需求。

同时，由于仲量联行是最早与来自香港的开发商恒隆地产签订租赁合同的企业之一，因此具有较好的议价能力从而达到较好的租赁条件。合同时期为2001年至2006年的五年，2001年的办公楼租金仅为每天0.35美元/m²，并且合同规定租金每年增长不得超过0.10美金。

因此，2006年仲量联行（上海）的办公楼租金为0.55美元，而当时周边A级办公楼的平均租金大约为1.10至1.20美元（SoFang，2006）。这也就意味着仲量联行现在一年的租金为360万元，其节约的成本可以支付大约30个以上高级员工的薪水（一个获得大学学位的员工在仲量联行工作一年的薪水大约为8000元/月）。

然而合同在2006年年底到期，因此仲量联行（上海）需要重新签订合同或是另寻区位。此时，南京西路商业氛围已经形成，开发商恒隆地产在谈判中更具优势。开发商将租金提升至1.20美元，起先仲量联行无法接受。仲量联行开始寻找另一个区位但最终失败，因为没有其他新的办公中心在上海出现，正如五年前南京西路的出现一样。

因此2007年年初，仲量联行选择了恒隆广场的二期项目。恒隆广场二期紧邻一期，也就是企业先前的区位。选择二期的优势有二：首先，区位依然位于南京西路，最重要的区位因子——名声依然存在；其次，恒隆广场二期刚进入市场，开发商（恒隆地产）希望快速出租办公楼。在这次协商种，仲量联行（上海）获得相对稍多但依然很小的议价权，因此最终以每日0.95美元/m^2的租金价格成交，同时也不得不选择更低/差的楼层（从先前的48层到现在的15层）。

总之，与办公中心和高质量办公楼相关的名声，是成为仲量联行（上海）区位选择的重要因素，无论是靠近外滩还是在南京西路都可以体现这点。除了名声，从第二次搬迁中也可节约的租金成本同样是重要因素。在同办公楼开发商议价过程中，仲量联行在新建的办公楼或者商业氛围并不成熟的环境中更具有议价能力。但事实上这是一个两难局面：由于办公楼新建，其商业氛围是否会发展成熟还需拭目以待。因此，对近期办公市场空间结构的准确判断对于服务业企业的区位选择来说尤为重要。

7.3.4 伊顿展览企业

伊顿展览企业是一家提供会展服务的小型企业。2002年由两大合伙人成立，一个是上海人，负责企业网络的发展并寻求商业机会；另一个则为展览设计与搭建领域的专家。企业首年的销售额为98万人民币，员工规模仅为4人，即两位合伙人和两名员工。

企业的首个区位位于凯旋路2200号嘉华大厦，距徐家汇西南方800m（见图7–4）。根据一位合伙人介绍，选择嘉华大厦的原因包括：

（1）首先，大厦靠近徐家汇是因为徐家汇是本土企业的主要办公中心。事实上，作为一个小型展览企业，伊顿早期的大部分客户都是位于徐家汇及其周边地区的中小型本土企业。同时，徐家汇这一地址有助于形成客户需要的形象，尤其是对于新客户而言。“至少他们可以轻松找到我们”，一位接受采访者说。

（2）其次，在嘉华大厦租下的办公室对于伊顿企业来说很合适。企业租下了约30m^2的小型办公室，租金为3000元/月，办公室的规模和租金价格均能承担。最后，这位上海的合伙人家住西山路，距嘉华大厦步行距离仅为

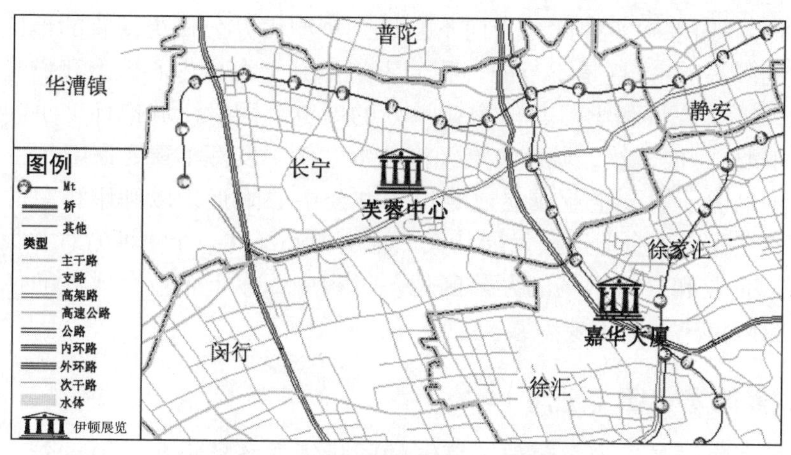

图 7-4 伊顿展览企业在上海的区位

15 分钟。

随着企业的发展，其客户结构逐渐改变。首先，客户开始固定并逐渐通过熟客介绍的方式增加新客户。客户依然为中小企业，他们相比区位名声而言更加重视价格低廉。因此，徐家汇的地址变得不再重要。而且伊顿公司的战略定位是在激烈竞争中生存，赚取更多利润，而不是发展成为像 JLL 之类的一流展览企业。其次，上海外部的客户逐年增长。2006 年，大约 70% 的销售额来源于上海外部的客户，包括浙江、江苏、山东、四川、辽宁和河南。因此，两个合伙人及其员工认为如果企业区位靠近机场将更为便利。

2005 年，企业搬迁至长宁区芙蓉江路 36 号芙蓉商务中心。企业以 6200 元 / 月的租金租下了一间约为 90m^2 的办公室。新区位远离徐家汇和城市中心，因为此时企业不再重视地址是否有名。同时，新区位靠近虹桥机场。此外，非上海籍合伙人在仙霞西路买房定居，去芙蓉中心仅需步行 20min。2006 年，企业销售额 400 万元，员工规模达到 10 人。

企业迁至芙蓉中心的另一个原因是有大量的展览施工企业集中在上海外围郊区的闵行区华漕镇。当伊顿接下展览任务之后，企业主要负责设计和营销过程，而展台搭建的大部分工作都外包给这些具有厂房、模具等专业设备的施工企业。由于土地成本限制，大部分企业位于上海中心之外。

在嘉华大厦的时候，伊顿企业的首要任务就是扩大客户，其展览项目数量不多，因此靠近搭建企业并非如此重要。然而，当客户逐步稳定之后，展览项目逐年增多，靠近这些企业也就变得越发重要。“我们需要派遣一至两名员工去监督为我们制作展览模型的企业，并为质量把关”，一位受访者说。因此，伊顿倾向于搬迁至离这些施工企业更近的区域。

然而，“如果确实如此，为何不搬迁到华漕镇办公楼更便宜的地区？”作者问。他回答道：“这是不行的，我们不能离开上海市中心区。我们是一家设计企业，需要观察和学习其他企业举办的展览。同时，城市环境是我们创新的重要来源。”很显然，城市集聚经济在本案例中发挥了重要作用。

总体来说，伊顿企业成立之时位于办公中心附近，以利用相关的名声吸引客户。然而，当企业逐渐发展壮大，则从中心迁往一个更便宜、并靠近“后向联系”企业和虹桥机场的办公区位。过程中，靠近企业合伙人的住宅也是小型企业区位决策的重要因素。

7.3.5 麦德龙集团（上海）

麦德龙集团是一家总部位于德国的国际领先贸易企业。2005 年，集团员工规模达 25 万人，销售额为 557 亿欧元。麦德龙的历史可以追溯到 1964 年，当时 Dr. Otto Beisheim 成立了第一家为专业客户提供自助式现购自运贸易，即麦德龙现购自运有限企业（来源：www.metro.com.cn，2006.12）。集团至 1995 年进入中国市场，与上海锦江集团建立合资企业。一年后在浦东区长征镇开设了第一家商店（见图 7–5）。截至 2007 年，麦德龙在中国拥有 29 家商店。

麦德龙集团在上海的区位选择过程始于 1994 年早期。虽然集团与上海市政府签订合约，但由于零售业企业并非是市政府列出的最想发展的行业，未受到太多关注。长期以来，外国制造业投资国内的企业一直受到地方政府的

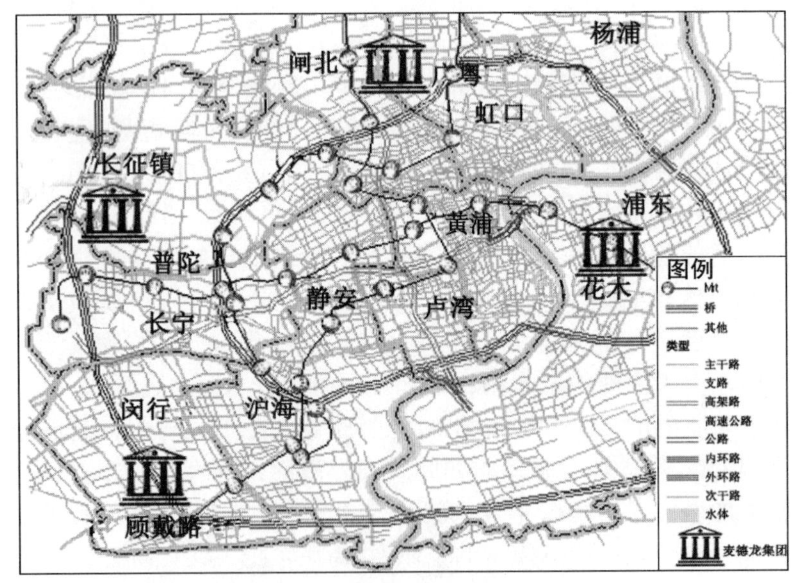

图 7–5 麦德龙集团在上海的区位

支持，因为他们直接为工业总产值和 GDP 增长给予更大规模的贡献。

长征镇政府得到市政府官员消息后，立即向麦德龙发出热情邀请。事实上，长征镇有许多吸引麦德龙的本地优势。其中镇内上海 – 南京（沪宁）高速入口及其高速公路的可达性是麦德龙高度重视的因素，因为其符合现购自运理念（顾客需要支付现金，并自行将货物搬运回去）。长征镇的区位优势，更为重要的是当地政府强烈的合作意愿，使得 1994 年麦德龙集团迅速决定在长征镇投资。

在麦德龙开设中国第一家大型购物商场之前，长征镇仅为一个普陀区中位于城市边缘的“没落之乡”。1992 年前是嘉定区下辖的乡，之后归普陀区管辖。1993 年，长征乡转为镇。事实上，因为它是如此不重要的小镇（乡），两区都不愿将长征乡（镇）纳入管辖之内。1990 年，长征乡地区生产总值仅为 1.15 亿元，占上海市 GDP 的不到 1.5‰（Huang，2003）。

尽管麦德龙集团和长征镇有强烈的合作意愿，但二者之间的博弈过程进入实质性阶段并非顺利。二者之间最核心的问题就是如何处理土地资源。由于土地归国家所有，私营企业仅能在一定时期内租赁土地。麦德龙集团资金雄厚并希望获取更大的自主权，因而倾向于支付大宗费用长期租赁土地。但长征镇政府希望土地共享并参与到企业的长期发展。

麦德龙集团最终由于镇政府的其他优惠政策和坚定的支持力度（例如由镇政府组织的土地清理以及居民拆迁）而妥协，镇政府也成为新建的大型购物商场的合伙人之一。当建设进入到关键时期，镇政府的支持显得十分重要。例如，当商场几乎完工，并在两月之内准备开张之时，却发现连接商场和外界主干道的梅川路过于狭窄、泥泞、拥挤，这将严重影响麦德龙的运营。

然而，集团却不能改造这条道路，因为道路归市政府和区政府所有。技术上来说，翻新道路并非长征镇的职责之内。然而，基于他们之间良好的合作关系，长征镇政府倾尽全力，成功获得上海市政府和普陀区政府的支持。最终，长达 500 至 600 米的道路在两月之内得以翻新拓宽。

自从 1996 年 11 月开张，长征镇麦德龙大型购物商场已然成为一个成功的“现象”。第一天销售额达 400 万元，并短期内于 1998 年的春节创下麦德龙集团全球日销售额最高纪录 750 万元（He，2001）。此外，商场对长征镇的正外部效应显著。受麦德龙集团的成功经验鼓舞，更多的零售企业在此投资，包括新黄浦集团（1996 年发起，1998 年开张）、红星集团（1999 年发起，2000 年开张）以及欧倍德集团（1997 年发起，2000 年开张）等。

所有的大型购物商场不仅为镇 / 区 / 市政府上缴了大量税收（例如，麦德龙集团在 1996 至 1999 年头四年的运营中缴纳税费 580 万元），而且还促进了长征镇生活服务业和房地产业的快速发展，此时长征镇不再是“沙漠之乡”，而是发展成为普陀区的“中心镇”（来源：http://chzz.ptq.sh.gov.cn，2006.12）。

继长征镇店的成功之后，麦德龙集团又在上海开设了三家商场。一家位于闵行区顾戴路80号，紧靠上海－杭州（沪杭）高速入口，满足上海西南地区的需求；另一家位于虹口区广粤路418号，满足上海北部需求；最后一家位于浦东区花木镇白杨路，满足上海东部地区需求。所有商场均位于上海郊区，并具有较高的高速公路可达性。

7.4 案例剖析

7.4.1 主要参与方

通过五个案例研究，在企业区位决策制定过程中，有三个主要参与方：企业本身、房地产开发商以及当地政府。他们在区位选择过程中所扮演的参与方、偏好以及策略将在本节中讨论。

1）企业

企业作为经营机构，是嵌入于社会制度网络中微观个体，其行为反映特定制度、传统和价值的正式结构（Oinas，1995）。它们呈现各种各样的形式，追求各自目标（Ahern，1993）。毫无疑问，名义上说，企业将在区位选择过程中扮演核心参与方，因为它们是区位选择的决策制定者，除非是受政府管制的国有企业。在区位选择过程中，第6章中列出了一般情况下区位影响因素（例如地理优势、集聚经济），但同时也必须考虑企业自身特有的特征（例如定位战略、所有制类型、规模）。

如表7–1所示，这五个案例由不同部门、所有制类型和规模构成。总体来说，案例与第5章和第6章通过数据分析得出的研究相一致。例如，制造业的工厂选择远离中心城区的区位，以减少土地费用，正如张江高科技园和张家港的瓦克以及金山的申安集团。另一方面，企业总部（例如，瓦克集团有限企业）

案例的部门、所有制和规模类型 表7–1

企业	部门	所有制	规模
瓦克集团	制造业	外资	从小型至大型
申安纺织有限企业	制造业	国有	大型
仲量联行	生产者服务业	外资	从小型至大型
伊顿展览企业	生产者服务业	私营	小型
麦德龙集团	生产者服务业	外资	大型

以及生产者服务业企业（例如仲量联行（上海）、伊顿展览企业）更倾向于位于城市中心。

然而，通过详细分析区位（再）选择过程，企业自身的特征也十分重要，尤其是企业战略。例如，当瓦克集团最初进军上海却并没有清晰战略时候，企业仅是要试着扩张中国市场。因此，企业租下了办公中心外的一个孵化器中的办公室。在瓦克集团确定市场能够盈利之时，企业在上海的中央商务区设立了总部办公室，并租下了上海最贵的办公楼之一中一层多的楼层。

另一方面，对比仲量联行和伊顿，虽然二者均属于生产者服务业，但其区位选择过程也有明显不同。仲量联行战略定位是建立该领域一流的、引领发展的企业，而伊顿并没有如此定位，而是在市场中生存并赚取利润。因此，仲量联行一直位于主要的上海的办公中心中最高质量 / 最昂贵的办公楼内，即便企业处于困难时期。而伊顿则从办公中心搬迁到租金更便宜的地区。同时，在伊顿这个案例中企业所有者的偏好也将影响企业的区位选择。

而申安纺织企业却不同寻常。作为国有企业，申安在第一次从陆家嘴至花木镇搬迁时的区位选择由政府决定而不是企业本身决定。而在第二次搬迁中，企业在决定新区位中获得更大的自主权，尽管其依然归政府管辖。2005 年，上海国有企业占全市 GDP 的 49.1%，国有企业将在企业空间格局中发挥重要作用，毫无疑问，这也反映了政府的影响。

2）开发商

开发商是参与到地产开发以及并为企业提供运营区域的公有或私营企业。总体来说，上述五个案例中的开发商也在影响企业区位决策中发挥重要作用。从类型来说，地产包括孵化器（例如：瓦克所在的德国中心）、工业园（例如：瓦克所在的张江高科技园区、申安企业所在的枫泾工业园、办公楼（例如：仲量联行所在的恒隆广场、伊顿所在的芙蓉中心）以及自建的大型购物商场（例如：麦德龙集团）。

在这五个案例中，张江科技园开发商和丰京园开发区是典型的公有开发商，二者均由当地政府建立运营；恒隆集团（仲量联行案例）和芙蓉中心开发商（伊顿案例）是典型的私营开发企业；而长征镇的麦德龙商场是长征镇政府和麦德龙集团共同投资的合资企业，属于国有与私营混合所有的开发商。

在所有的案例中，开发商既开发项目，同时也是风险承担者，因为即便有部分为国有企业，项目依然以市场为导向。事实上，开发园区和工业园区的国有开发商也同样面临着园区推进和市场化的巨大压力。他们之间竞争激烈，有时免费或是以名义租金出租，正如申安企业的案例。

随着竞争的激烈和市场的不确定，私营和公有开发商都尽量规避市场风险，尤其是当房地产市场不景气的时候。在困难时期，他们处于较弱的博弈地位，而当房地产市场繁荣之时，他们则享有更高的博弈能力。这点在仲量联行的案例中十分突出。

值得注意的是，一个成功的地产开发不仅可以给开发商创造利润，还可改变相关企业的整体区位选择格局。恒隆广场正说明了这点。在广场启动之前，南京西路仅仅是著名的商业街，很少有办公企业在此坐落。如今，广场一跃成为最主要的办公中心，也是上海最贵的区位（Collier，2006）。在某种程度上，南京西路在境外生产者服务业企业和总部已经超越了上海的 CBD——外滩（Ning，2000）。张江工业园也说明了这点。园区从农田发展成为上海高科技产业（例如：电子信息、医药、通信设备制造等）集群，从根本上改变了上海的制造业格局。

3）地方政府

上海是我国四大直辖市之一。换句话说，上海的管理权力相当于省级水平，市长相当于省长等级。上海的管理职能体系中（详见 4.1.3 节），区 / 县政府、街道办 / 镇 / 乡政府在各自的管辖范围内均拥有一定的经济、财政、管理权利。因此，地方政府包括上海的是政府、区 / 县政府以及街道办 / 镇 / 乡政府。

地方政府积极吸引投资，尤其是能够直接带动 GDP 或总产值增长的投资。由于当地经济增长是政府业绩的证明，因此政府官员热衷于吸引投资者在各自管辖范围内进行区位决策。同时，在现有分税制体系中（详见 4.1.4 节），地方政府试图从中央政府获得尽可能多的预算。因此，他们倾向于降低本地企业税率，但要求后者通过其他方式增加税收，例如更多的投资机会、更多的就业人员等。这样本地企业可以收益于总体更低的税率，而地方政府可以获益于企业发展带来的更大产值。

然而通过案例可以看出，并非所有的企业受到同等欢迎，地方政府更偏爱大型企业和制造业企业。正如麦德龙集团的案例中，尽管集团是全球的零售业巨头，但起初并未受到市政府过多关注。同样在瓦克集团的案例中，由于是一个相对较小的制造业企业，集团也没有受到浦东区政府（通过张江园区开发商）的热情款待。

西方国家城市政府的传统角色在于，通过批颁布和推进法律、征收收受、管理条率、提供津贴、建设和维护基础设施以及提供服务等方式，推动和规范经济发展（Dewey，1997）。然而，麦德龙集团案例中，上海市地方政府角色显然已超出推动和规范发展的职责。地方政府，如长征镇政府以合伙人的形式直接参与到私营企业的合同安排，并建立合资关系（例如：长征镇的麦德龙大型购物商场）。

此外，建立国有开发商也是政府常用的方式之一，通过获得和开发土地、公路建设补修然后竞标给企业，正如张江高科技园的瓦克集团和枫泾工业园的申安集团。同样，恒隆广场和芙蓉中心的开发商也无法离开政府支持，尤其是在土地平整和居民搬迁方面。因此，地方政府在上海企业区位选择中的影响无处不在，他们不但与私营企业直接建立合伙制关系，而且还参与到地产开发过程中。

7.4.2 不同参与方的博弈能力

如前文所述，在相互作用关系中，三个参与方具有各自的利益需求。对企业来说，廉价的土地投入和与之相连的区位优势对企业的盈利能力或长期竞争力意义重大。开发商则在变化的市场中通过地产开发寻求资金回报。而政府则重视当地经济发展。不同参与方如何保护实现利益决定于区位决策过程中的相对博弈能力，本节将对此展开讨论。

上述五个案例揭示了上海企业区位选择过程中不同类型的相互作用过程。①企业主导型（例如，仲量联行第一次搬迁至恒隆广场一期；申安第二次搬迁至枫泾工业园；以及伊顿集团的区位选择）；②开发商主导型（例如，仲量联行搬迁至恒隆广场二期；瓦克集团搬迁至张江高科技园区）；③企业政府混合主导型（例如：长征镇的麦德龙集团）；④政府主导型（例如：申安的第一次搬迁）。前两类代表更偏向于市场主导型的议价过程，而后两类则代表更偏向于政府控制型的议价过程。

在市场主导型的议价过程中，资本市场条件是不同参与方博弈能力的影响因素。最好的案例是仲量联行的两次搬迁。在第一次至恒隆广场的搬迁中，开发商（恒隆集团）面临不确定的市场条件，希望在其新开发的办公楼盘中引入知名企业。因此，仲量联行在交易中获得明显优势。当市场开始繁荣，办公楼供不应求，开发商获得优势地位，继而迫使仲量联行迁至新开发的二期工程。瓦克集团的案例也说明了这一点。张江高科技园区当时处于一个较好的成熟资本产品市场条件，因此瓦克集团难以在此落户。然而，张家港城则处于相比较差的市场条件，因而瓦克集团获得该城市更多有利支持。

在国有控制型议价过程中，政府权力的改变是影响因素。申安企业案例中的两次搬迁均是由于政府作用。在第一搬迁中，政府的权力大于企业，因此申安企业毫无选择的接受新的区位。而在第二次搬迁中，政府权力在一定程度上有所失去，因而企业参与了区位决策，并获得了一定利益。在麦德龙集团的案例中，长征镇政府影响显著，这在权力分散化改革之前是无法看到的。

7.5 小结

总而言之，上海的区位决策制定过程受企业、开发商以及地方政府三者相互作用关系影响。尽管五个案例中企业的区位总体与先前章节中的结论一致（例如：总部位于城市中心，工厂位于郊区、生活服务业和生产者服务业位于中心城区），不同战略以及企业、开发商和地方政府的偏好、议价过程中的地位以及各自限制决定他们确切区位的各自特征。

对于企业来说，企业战略是影响区位选择的重要因素，这就可以在一定程度上解释境外企业相比本土企业呈现不同的空间分布格局的原因，因为一些境外企业（例如：仲量联行）与其本土同行（例如：伊顿）具有不同的发展战略。

对于开发商来说，市场状况、地产质量和区位优势决定议价权力，这也在一定程度上解释了企业郊区化的原因。核心区位的开发商在与企业的议价过程中具有更大的优势，因此，企业为寻求更多的议价权迁往外围地区。

对于地方政府来说，制造业企业或者大型企业被授予更多关注，因为他们能够直接增加管辖区内的经济产出，地方政府对此相当重视。同时，政府也直接参与到国有企业的区位决策制定过程中。

与文献研究的不同之处在于，在北欧福利资本主义国家中，工会常常影响企业的选择；而在社会主义中国，工会和员工难以影响企业的区位决策，而企业的所有者（典型的如伊顿案例）则可以。

8 结　论

8.1 主要的研究发现

城市内部空间重构是一个在格局与机制方面不断持续变化的过程，其既反映在各种企业空间分布上，也反映在影响城市内部空间分布的社会经济动力机制上。

根据西方国家城市经验，不同类型的企业在郊区化进程中呈现不同的空间集中 / 扩散格局。最初，人口从中心城区空间扩散至郊区以获得更好的住房条件（Mills 和 Tan，1980）；随后，生活服务业为追随客户，即空间扩散的城市居民，开始空间扩散化（Tarver，1957；Berry，1963）；第二次世界大战之后，制造业开始空间扩散发展，以节约土地成本并更邻近高速铁路（Kitagawa 和 Bogue，1955）；生产者服务业也在 20 世纪 70 年代后开始空间扩散化，在郊区形成了新的"集聚中心（城市次中心）"，或者是 20 世纪 80 年代末的"新郊区化"（Bodenam，1989；Stanback，1991）。

在中国，虽然在较大城市中也存在人口与制造业的空间扩散，但其发生机制则不同于西方城市，我国的主要动力机制是体制改革或要素重组（Ning 和 Deng，1996；Zhou 和 Ma，2000）。研究企业的区位选择空间必须将之放置于中国城市化进程这一特殊的大背景中，考虑到大城市深层次的经济重构，不仅将过去的工业基地转变为服务业和消费的中心，也从一个自给自足的经济体转变成全球一体化的经济体。

本研究主要通过全面系统的分析上海企业区位选择与空间格局，阐明中国城市空间重组机制。在上海体制和经济转型的大背景下，本文就以下问题展开研究：

（1）在上海，不同部门、不同所有制企业的空间集聚或分散过程形成什么样的总体分布格局？它们相互之间有着什么样的差异和特征？

（2）决定这些企业总体空间分布格局的区位因子是什么？而这些区位因子在多大程度上影响了企业的区位选择，又是为什么能够影响企业的区位选择？

（3）在企业的区位选择过程中，他们与各级政府、各类劳动力以及上下游企业等其他机构是如何在一个制度框架下相互作用？政府和市场在这个框架中究竟谁为主导？

8.1.1 分门类与所有制类型的企业空间集中/扩散格局

总体而言，上海企业空间分布格局符合距离衰减原理，并且相比人口分布更为向心集聚。上海一个典型的通勤者往往会从一个较为远离城市中心的居住区通勤至一个离城市中心较近的工作地。这与文献中描述的规律是一致的（White，1999）。

此外，不同产业门类的企业大多表现出距离衰减的特性，尽管各自的集中程度（密度梯度）不同。大部分门类的产业呈现负的密度梯度，而一些制造业大类（如石油加工，化学纤维）则表现出正的密度梯度，表明这些企业更倾向于远离中心城区。同其他国家城市的现象一样，印刷业是城市中最为集中的工业行业（Lee，1989）。

在三组不同门类中，制造业比生产者服务业更为空间扩散，而生产者服务业则比生活服务业更为空间扩散。总体来说，具有高教育水平劳动力较多的或较小员工规模的行业大类企业更倾向于靠近城市中心。

不同所有制类型的企业同样表现出距离衰减的特点，尽管上海本土和境外企业表现出不同的空间分布格局。事实上，国内外企业的差异程度在不同大类中是不同的。在制造业上两者相似，而境外生产者服务业和生活服务业则与本土企业存在较大不同。一般而言，无论是制造业、生产者服务业还是生活服务业，境外企业比本土企业更为倾向于向心集聚分布。

8.1.2 企业区位决策过程中的不同空间非均质与集聚经济因素的影响

在上海，不同企业空间分布格局（比如本土制造业、境外制造业、本土生产者服务业、境外生产者服务业、本土生活服务业以及境外生活服务业）是受到空间非均质性因素（CBD、高速公路、机场、新镇、经济技术开发区）与集聚经济因素（如人口集聚经济、企业集聚经济）影响的。不同的区位影响因素及其作用效果部分解释了不同行业大类和所有制下企业空间集中/扩散格局的不同。

制造企业对至CBD的距离，距高速公路的最短距离，新镇以及生活服务业集聚是极其敏感的；生产者服务业对至CBD的距离，距高速公路的最短距离，新镇以及制造业集聚高度相关的；而生活服务业则与至CBD的距离，距高速公路的最短距离，新镇和人口集聚密切相关。

同时，与本土企业相比，境外企业区位决策中表现出不同的偏好。本土制造业偏向于生活服务业集聚，而境外制造业则偏向于生产者服务业集聚；境外生产者服务业较本土企业更加偏好于至 CBD 的距离；境外生活服务业避免布局于制造业集聚周围，而本土生活服务业则倾向于此。

8.1.3 企业区位选择过程中企业、开发商与政府的博弈

前文的五个案例研究从微观层面展示企业个体在区位决策的相互作用过程。企业区位决策过程包括了企业、开发商与地方政府动态作用过程。企业、开发商与地方政府不同的战略与利益及其在博弈过程的相对地位，以及各种限制因素决定了区位决策的过程，并最终形成城市企业空间分布格局。

对于企业而言，企业的战略在其区位选择中是一个重要的影响因素。由于历史原因与地理可达性,上海的城市中心（外滩一带）逐渐形成了良好声名。因此，对声名有特别偏好的企业选择布局在城市中心附近，而考虑土地成本为主企业则倾向于城市边缘地区。这就部分解释了境外的生产者服务业为什么更为向心集聚——因为它们更偏好声名。

对于开发商而言，市场的条件、土地资产的区位优势决定其谈判能力。如果开发商在城市中心拥有土地使用权，则其在谈判中有更为有利的地位，因此部分企业被迫迁至城市边缘地区以获取更多的议价能力，这就解释了企业空间扩散化发展。

对于本地政府而言，制造业或者大型企业由于其经济产出对政府有益，因而往往在区位选择被赋予更多优先权。同时，本地政府也直接参与国有企业区位决策。

8.2 结论与讨论

通过研究，可得到以下结论：上海企业空间分布格局、区位影响因素以及区位选择过程中表现出其特有的城市空间重构过程，并且这种独特性与城市特殊的经济发展阶段与独特的“转型”特征紧密相关。

因此，研究将不断变化，形成城市空间结构的社会经济动力因素分为两类：

（1）“全球”的普遍作用力，如市场机制，经济中介的理性等；

（2）“本地”特有的，并根植于上海发展和过渡的特殊阶段。

上海正经历着向服务导向和全球导向的经济转型，而这种转型无疑正影响城市空间结构，包括服务业的集聚和制造业的空间扩散、境外企业与本土企业的空间分异。

同时，上海也经历着从计划经济向市场经济转型，这种转型也就决定了上海企业区位决策过程中，与市场经济城市表现出不同的区位影响因素和相互作用过程。例如，优惠政策（例如开发区）被证实在影响特定类型企业的空间分布（如境外的制造企业）具有重大的作用。地方政府的影响在案例中也十分明显。

因此，上海城市的空间重构是通过政府与市场的相互作用，也是通过全球与地方的相互作用完成的。

个体层面，在上海的企业不仅仅表现出类似于在其他市场经济体中的“理性”行为，也表现出与城市特有体制环境相关的“特殊”的行为。

上海与其他城市相似的企业格局和区位影响因素（例如企业比人口更为集聚；服务业比制造业更为集聚；地理优势和集聚经济因素均为企业区位决策的重要因素），预示着，上海企业也同样遵循“理性经纪人”的利润最大化特征。

然而，上海企业复杂区位决策过程则表现出嵌入企业的制度网络，不同于其他以市场经济为主导的城市。在上海，这种制度网络是同时由政府指导“看得见的手”和市场机制“看不见的手”所构筑形成的。

8.3 研究贡献

8.3.1 对现有知识的贡献

本论文通过系统研究上海这一处于工业化、全球化以及转型中的城市内企业区位选择和空间布局，而试图为更好的理解：①工业化城市；②全球化城市；③转型城市的城市空间结构作出贡献。

1）工业化城市的城市空间结构

不同经济部门的不同区位偏好表明，企业总体空间分布格局与城市的经济结构相关。由于制造业比服务业更加空间扩散，以服务业为主导的城市比以制造业为主导的城市更为紧凑。因此，工业化城市的空间结构就与西方国家处于后工业化阶段的城市空间结构有所不同（Anas，et al.，1998；Ingram，1998）。

同时，后工业化城市中，生产者服务业已成为城市经济的主导部门，并在其区位选择行为中更依赖于集聚经济（Daniels，1993；Coffey，2000）。这样，生产者服务业的郊区化实际上是在郊区的“集聚”，或者是“新型郊区化”（Hartshorn 和 Muller，1989；Stanback，1991）。然而在上海，我们用 LISA 定义的城市中心中，生产者服务业并不比生活服务业更为集聚，这可能归因于上海生产者服务业尚且处于早期阶段。因此，工业化城市的“新型郊区化”就会由于发展滞后的生产者服务业而进展缓慢。

2）全球化城市的城市空间结构

全球化对上海的城市空间结构有着明显的影响，因为境外企业无论是制造业、生产者服务业还是生活服务业都表现出与本土企业不同的空间分布格局。境外企业，特别是境外生产者服务业，因其具有较本土企业更大的资金支付能力而占据着城市中心。同时，本土企业也由于不断上涨的租金而被迫迁离市中心。这一“入侵－更替”的过程不仅改变企业空间分布格局，也改变城市中资本分布空间结构和土地价值。

对于境外制造企业而言，上海的开发区是非常具有吸引力，而这些开发区却往往促使本土企业迁出。因此在全球化城市中，境外企业与本土企业很容易形成空间分割，进而形成“全球性 CBD”与“地方性 CBD”，“全球商业中心”与“地方性商业中心”，“全球制造业园区”和“地方性制造业园区”相对的空间结构（Chakravorty，2000；Marcuse 和 Kempen，2000；Grant 和 Nijman，2002）。

3）转型城市的城市空间结构

转型城市的城市空间结构同时受到市场机制“看不见的手”和国家政策“看得见的手”的影响（Han，2000；Han 和 Wang，2003；Wang，2003）。上海的企业遵循市场机制，通过搜寻最优区位以实现利润最大化。

同时，地方政府不仅影响国有企业的区位决策过程，同时对于土地和房地产开发商也有深远影响。这样，转型时期的城市空间结构是市场和国家力量相互作用的结果，这与其他市场经济国家的城市有所不同（Wu，2003；Wu 和 Ma，2005）。

8.3.2 政策建议

上海和中国其他大城市都存在一个现实中的悖论：经济要素在郊区化过程中，市中心房价却持续上涨，同时市中心的交通流也高速增加。本研究通过揭示与之相关的城市中心新的集聚过程，从而提出了规划和产业发展的政策建议。

1）规划政策

在城市规划方面，导致上海市中心房价一路走高和交通堵塞的一个重要的原因，就是缺乏有效渠道疏导重新振兴的服务活动向郊区发展。这样，上海市中心聚集过多人口、投资以及经济活动，并没有其他郊区城市副中心分担这样的压力（Ye，2003；Liu，2004）。其中一个解决办法是建立大规模的快速交通系统联系城市中心和郊区，特别是连接中心和一些具有成为未来城市中心的地区。

研究发现，上海郊区新镇在吸引各类企业方面起重要作用，特别是某些重要的新镇——松江和嘉定。因此，选择性地加强部分新镇的交通联系则变得十分必要，通过快速交通系统或延长现有磁悬浮列车以更好地连接中心城区。这样新镇就会逐渐发展成为城市副中心，进而分担城市中心的压力并且防止其进一步蔓延。

如此，城市空间结构就可从单中心向多中心形式发展，避免传统城市中心由于经济活动过于密集和缺少诸如公园、绿地、广场等各种市民公共空间而承受过度压力。

2）产业政策

最后，但也是最重要的，研究证明城市空间结构与经济结构紧密的相关联系。服务业，特别是生产者服务业，相较制造业而言更依赖于集聚经济因素，服务企业较制造企业更偏向于在城市郊区形成新的集聚。因此，城市副中心的出现往往更加依赖于服务企业的发展，而非制造企业的发展。

可见，空间规划并不是解决空间问题的惟一路径。就上海而言，要推动城市向多中心格局发展，应辅之以有效的产业政策促进服务企业，特别是生产者服务业的发展。随着生产者服务业的发展，相互之间的集聚经济逐渐加强，城市形态自然而然从单中心转变为多中心。

8.4 研究展望

未来研究将从以下的方向展开：

1）跨时段的企业空间分布格局对比研究

本研究所用到的研究具有较好的适用性。如果有数据支持，可较好地在时间上进行扩充性研究。十年前，密度梯度等研究方法便已应用于人口空间分布格局研究，并通过跨时段对比研究很好的揭示了人口迁移的特征。

同样，对企业的跨时段比较研究可以揭示企业空间分布格局的变化以及其区位影响因素的变化。如此，我们对企业空间分布格局和城市空间结构演变的理解将更加清晰。

2）跨城市的企业空间分布格局对比研究

本研究也比较容易用于对比不同城市的实证研究。正如上海是一个工业化城市、全球城市与转型城市，相似研究也可以很容易应用到其他的工业化城市、全球城市以及转型城市。

随之可以引出的一个理论问题就是地方经济、社会、地理和文化因素是如何导致上海和其他城市的差异，从而帮助实践管理者和规划师更好地提出适合各自城市特点的政策。

3）整合就业和人口空间结构，开展实证研究

同样如果数据支持，本研究可以通过整合就业和人口进一步研究空间结构。不同部门和所有制的就业和人口均可应用本研究中所采用的方法开展研究。除了与空间结构相关问题之外，另一个有趣的研究议题就是：在不同部门和所有制的人是否存在不同的通勤方式，以及这种不同方式是怎样分布的。

参考文献

[1] 21st Century Economic Report，2003，4（2）.

[2] Ahern R.. The Role of Strategic Alliances in the International Organization of Industry. *Environment and Planning A*.1993. 25：1229–1246.

[3] Alonso W. .Location and Land Use：Toward A General Theory of Land Rent. Cambridge. MA：Harvard University Press，1964.

[4] Alvstam C.，Ellegard K. .Volvo：The Organization of Work：A Determinant of the Future Location of Manufacturing Enterprises.in Smidt M.，Wever（eds.）.The corporate firm in a changing world economy. London：Routledge，1990：183–206.

[5] Amin A.. An Institutional Perspective on Regional Economic Development. *International Journal of Urban and Regional Research*.1999，23（2）：365–378.

[6] Anas A.. Arnott R.，Small K. A..Urban Spatial Structure. *Journal of Economic Literature*.1998，36，1426–1464.

[7] Anselin L. Local Indicators of Spatial Association – LISA.*Geographical Analysis*.1995，27，93–115.

[8] Arthur W. B. .Increasing Returns and Path Dependence in the Economy. Ann Arbor：University of Michigan Press，1994.

[9] Atak J.，Margo，R. A..Location，location，location! The Price Gradient for Vacant Urban Land：1835 to 1990. *Journal of Real Estate Finance and Urban Economics*，1998，16，151–172.

[10] Beaverstock J. V.，Smith R. G.；Taylor，P. J..World City Network：A New Metageography?. *Annals of the Association of American Geographers*，2000，90（1），123–134.

[11] Bell D. .The Coming of Post–industrial Society：A Venture in Social Forecasting. New York：Basic Books，1973.

[12] Berry B. J. L. .Geography of market centers and retail distribution. Englewood Cliffs，N. J.：Prentice Hall，1967.

[13] Berry，B. J. L. .Urbanization and Counterurbanization. Beverly Hills，Calif：Saga Publications，1976

[14] Berry B. J. L.，Kasarda，J. D.. Contemporary Urban Ecology. New York：MacMilla，1977.

[15] Beyers W. B..Services in the New Economy：Elements of A Research Agenda.*Journal of Economic Geography*，2002，2，1–29.

[16] Bian Y. J.，Logan J. R. .Market Transformation and Persistence of Power：the Changing Stratification System in Urban China.*American Sociology Review*，1996，61（5），739–758.

[17] Black D.，Henderson V. .A theory of urban growth. *Journal of Political Economy*，1999，107（2），252–284.

[18] Bodenam J.. The Suburbanization of the Institutional Investment Advisory Industry：Metropolitan Philadelphia，1983–1993. The Professional Geographer，1998，50，112–126.

[19] Bourne L. S. . Urban Spatial Structure：An Introductory Essay on Concepts and Criteria. in Bourne L. S.（eds.）. Internal Structure of the City.New York：Oxford University Press，1982.

[20] Bradbury K. L.，Downs A.，Small K. A..Urban Decline and the Further of American Cities. Washington，D.C.：The Brookings Institution，1982.

[21] Burgess E..The Growth of the City.in Park R.，et al.（eds.）. The City. 37–44. Chicago：University of Chicago Press.

[22] Cartier C..Transnational Urbanism in the Reform–era Chinese City：Landscapes from Shenzhen. *Urban Studies*，2002，39（9），1513–1532.

[23] Castells M. . Four Asian Tigers with a Dragon Head：A Comparative Analysis of the State，Economy，and Society in the Asian Pacific Rim.in Appelbaum R.P.，J. Henderson（eds.）. States and development in the Asian Pacific Rim. 33–70. Newbury Park：Sage，1992.

[24] Cervero R.，Wu K. Polycentrism，Commuting，and Residential Location in the San Francisco Bay Area. *Environment and Planning*，A，1997，29，865–886.

[25] Chakravorty S..From Colonial City to Globalizing City? The Far–From–Complete Spatial Transformation of Calcutta. in Marcuse P.，Kempen R.（eds.）.Globalizing Cities：A New Spatial Order?. Malden，Mass：Blackwell，2000.

[26] Chapman K.，Walker，D. F..Industrial Location：Principles and Policies. 2nd. Cambridge，MA：Basil Blackwell，1991.

[27] Chen，Y.X..The Suburbanization in Shanghai's 1990s（in Chinese）.Master Thesis：Shanghai Tongji University，2004.

[28] Cheung P. T. Y..The Political Context of Shanghai's Economic Development. in Yeung，Y. M.，Sung，Y.（eds.），Shanghai：Transformation and Modernization Under China's Open Policy. Hong Kong：The Chinese University of Hong Kong，1996.

[29] Christaller W. 1933.Central Places in Southern Gernmany. Translated by Baskin，C.W.

Englewood Cliffs: Prentice Hall, 1966.

[30] Clark C..Urban Population Densities. *Journal of Royal Statistical Society*: *Series A*, 1951, 114 (4), 490–496.

[31] Clark D. .Urban World/ Global City (2nd ed.) . New York, NY: Routledge, 2003.

[32] Coase R..The Nature of the Firm、*Economica*, 1937, 4, 386–405.

[33] Coffey W. J. The Geographies of Producer Services. *Urban Geography*, 2000, 21 (2), 170–183.

[34] Coffey W., Shearmur, R..Agglomeration and Dispersion of High–order Service Employment in the Montreal Metropolitan Region, 1981–1996. *Urban Studies*, 2002, 39 (3), 359–378.

[35] Coffey W., Polese M., Shearmur, R..Examining the Thesis of Central Business District Decline: Evidence from the Montreal Metropolitan Area. *Environment and Planning A*, 1996, 28, 1795–1814.

[36] Colliers. The Report on Office Market in Shanghai. unpublished report, 2005.

[37] Condon P. M., Cavens D., Miller N. Urban Planning Tools for Climate Change Mitigation, Cambridge, MA: Lincoln Institute of Land Policy, 2009.

[38] Daniels, P.. Service Industries in the World Economy.Oxford: Balckwell, 1993.

[39] Dewey D. I. The Public Role of Private Developers: Analysis of Strategy and Communication in Suburban Real Estate Development Process. PH. D. dissertation, University of Pennsylvania, 1997.

[40] Diamond H. L., Noonan, P. F..Land Use in America, Lincoln Institute of Land Policy. Washington. D. C: Island Press, 1996.

[41] Ding C..Urban Spatial Development in the Land Policy Reform Era: Evidence from Beijing. *Urban Studies*, 2004, 41 (10), 1889–1907.

[42] Dipasquale D., Wheaton W. Urban Economics and Real Estate Markets. NJ: Prentice Hall Press, 1996.

[43] Dowall D. E. Establishing Urban Land Markets in People's Republic of China.*Journal of the American Planning Association*, 1993, 59, 182–192.

[44] Dunning J. H.. The Eclectic Paradigm as an Envelope for Economic and Business Theories of MNE Activity. *International Business Review*, 2000, 9, 163–190.

[45] Eng I., Lin, Y..Seeking Competitive Advantage in an Emergent Open Economy: Foreign Direct Investment in Chinese Industry.*Environment and Planning A*, 1996, 28, 1113–1138.

[46] Erickson, R. A. .Multi–nucleation in Metropolitan Economies. *Annals of the Association of American Geographers*, 1986, 76, 331–346.

[47] Fan C. C..Of Belts and Ladders: State Policy and Uneven Regional Development in Post–Mao

China. *Annals of the Association of American Geographers*, 1995, 85, 3, 421–449.

[48] Fainstein S.. Gordon I., Harloe M. Divided *Cities*: New York and London in the Contemporary World. Cambridge, MA: Blackwell Publishers, 1992.

[49] Feng J., Zhou Y. Suburbanization and the Changes of Urban Internal Structure in Hangzhou, China. *Urban Geography*, 2005, 26 (2), 107–136.

[50] French R., Hamilton, I. The Socialist City. Chichester: Wiley, 1979.

[51] Friedmann J..The World City Hypothesis. *Development and Change*, 1986, 17, 69–83.

[52] Friedmann J., Wolff G. World City Formation: An Agenda for Research and Action. *International Journal of Urban and Regional Research*, 1982, 6, 309–44.

[53] Fu Y., Somerville T. Site Density Restrictions: Measurement and Empirical Analysis. *Journal of Urban Economics*, 2001, 49, 404–423.

[54] Fu Y., Somerville T., Gu M., Huang, T. Land Use Rights, Government Land Supply, and the Pattern of Redevelopment in Shanghai, *International Real Estate Review*, 1999, 2 (1), 49–78.

[55] Fujita M., Krugman P., Venables A. J..The Spatial Economy: Cities, Regions and International Trade. Cambridge: MIT Press, 1999.

[56] Fujita M., Ogawa H. Multiple Equilibrium and Structural Transition of Non–monocentric Urban Configuration. *Regional Science and Urban Economics*, 1982, 12, 161–196.

[57] Fujita M., Thisse J. F. Economics of Agglomeration: Cities, Industrial Location, and Regional Growth. New York: Cambridge University Press, 2002.

[58] Fujii T. , Hartshorn T. A. The Changing Metropolitan Structure of Atlanta, GA: Locations of Functions and Regional Structure in A Multinucleated Urban Area. *Urban Geography*, 1995, 16, 680–707.

[59] Galbraith J. K. American capitalism. Boston: Houghton Mifflin, 1952.

[60] Galbraith J. K. The New Industrial State. London: Hamish Hamilton, 1967.

[61] Garreau J. Edge City. New York: Doubleday, 1991.

[62] Gaubatz P. China's Urban Transformation: Patterns and Processes of Morphologic Changes in Beijing, Shanghai and Guangzhou. Urban Studies, 1999, 36 (9), 1495–1521.

[63] Giuliano C., Small K. A. Subcenters in the Los Angeles Region. *Regional Science and Urban Economics*, 1991, 21 (2), 163–182.

[64] Glaeser E. Are Cities Dying?. *Journal of Economic Perspectives*.1998, 12 (2), 139–60.

[65] Glaeser E., and Kahn M. Decentralized Employment and the Transformation of the American City. Working paper, 2000.

[66] Glaeser E., Kallal H., Scheikman J., Shleifer A. Growth in Cities. *Journal of Political*

Economy, 1992, 10（6）, 1126–1152.

[67] Gordon P., Richardson H.W. A Employment Decentralization in US Metropolitan Areas: Is Los Angeles and Outlier or the Norm?. *Environment and Planning A*, 1996, 28, 1727–1743.

[68] Gordon P., Richardson H.W. Beyond Polycentricity: the Dispersed Metropolis, Los Angeles, 1970–1990. *Journal of the American Planning Association*, 1996b, 62, 289–295.

[69] Gordon P., Richardson H.W., Wong H.L. The distribution of population and employment in a polycentric city: the case of Los Angeles. Environment and Planning A, 1986, 18: 161–173.

[70] Gottdiener M., Hutchison R. The Urban Sociology（2nd Edition）. New York: McGraw Hill, 2000.

[71] Grant R., Nijman J. Globalization and the Corporate Geography of Cities in the Less–developed World.*Annals of the Association of American Geographers*, 2002, 92（2）, 320–340.

[72] Gu C., Shen J. Transformation of Urban Socio–spatial Structure in Socialist Market Economics: the Case of Beijing. *Habital International*, 2003, 27, 107–122.

[73] Guimaraes P., Figueiredo O..Woodward, D. Agglomeration and the Location of Foreign Direct Investment in Portugal. *Journal of Urban Economics*, 2000, 47, 115–135.

[74] Hall P. The World Cities. New York: McGraw Hill, 1966.

[75] Hall P. The World Cities（3rd Edition）. London: Weidenfeld and Nicolson, 1984.

[76] Hamilton B. Wasteful Commuting. *Journal of Political Economy*, 1982, 90, 1035–1053.

[77] Han S. S. Shanghai between State and Market in Urban Transformation. *Urban Studies*, 2000, 37（11）, 2091–2112.

[78] Han S. S., Wang Y. The Institutional Structure of A Property Market in Inland China: Chongqing.*Urban Studies*, 2003, 40（1）, 91–112.

[79] Han S. S. Spatial Structure of Residential Property–value Distribution in Beijing and Jakarta, *Environment and Planning A*, 2004, 36, 1259–1283.

[80] Hansen, E. Industrial Location Choice in Sao Paulo, Brazil. *Regional Science and Urban Economics*, 1987, 17, 89–108.

[81] Hartshorn T. , Muller P. Suburban Business Centers: Employment Implications. U.S. Department of Commerce, Economic Development Administration. Washington D.C. Cited in Stanback, 1991.

[82] Hartshorn T., Muller P. Suburban Downtowns and the Transformation of Metropolitan Atlanta's Business Landscape. *Urban Geography*, 1989, 10, 375–395.

[83] Harvey D. Social Justice and the City. London: Edward Arnold, 1973.

[84] Hayter R. The Dynamics of Industrial Location: the Factory, the Firm and the Production

System, New York: John Wiley& Sons, 1998.

[85] Head K, Ries J. Inter-city Competition for Foreign Investment: Static and Dynamic Effects of China's Incentive Areas. *Journal of Urban Economics*, 1996, 40, 38-60.

[86] Healey P. An Institutional Model of the Development Process. *Journal of Property Research*, 1992, 9, 33-44.

[87] Henderson J. V. Externalities and Industrial Development.*Journal of Urban Economics*, 1997, 42, 449-470.

[88] Heikklila E. J. Three Questions Regarding Urbanization in China. Paper presented in the symposium.A Quarter Century of Physical and Institutional Transformation in Urban China. Singapore, 2007.

[89] Hill R.C., Kim J.W. Global Cities and Developmental States: New York, Tokyo and Seoul. *Urban Studies*, 2000, 37 (12), 2167-2195.

[90] Ho L, Tsui K. Fiscal Relations Between Shanghai and the Central Government.In Yeung Y.M., Sung Y. (eds.), Shanghai: Transformation and Modernization Under China' s Open Policy. Hong Kong: The Chinese University of Hong Kong, 1996.

[91] Hoover E.M. Location Theory and the Shoe and Leather Industries. Cambridge, MA: Harvard University Press, 1937.

[92] Horton F. E., Reynolds D. R. Effects of Urban Spatial Structure on Individual Behavior. *Economic Geography*, 1971, 47 (1), 36-41.

[93] Hsing Y. Blood, Thicker than Water: Interpersonal Relations and Taiwanese Investment in Southern China.*Environment and Planning A*, 1996, 28, 2241-2261.

[94] http://chzz.ptq.sh.gov.cn, accessed on December, 2006.

[95] Huang N.X. An Emerging Commercial Center in Western Shanghai. *East Economy*, 2003 (3), 12-17.

[96] Hutton T. A. Service industries, Globalization and Urban Restructuring within the Asia-Pacific: New Development Trajectories and Planning Responses. *Progress in Planning*, 2004, 61, 1-74.

[97] Illeris S. The Service Economy: A Geographical Approach. New York: John Wiley& Sons, 1996.

[98] Ingram G. Patterns of Metropolitan Development: What Have We Learned?. *Urban Studies*, 1998, 35, 1019-1035.

[99] Isard W. Location and the Space Economy. Cambridge, MA: MIT Press, 1956.

[100] Jacobs J. The Economy of Cities. London: Jonathan Cape, 1969.

[101] Johnson C. The Developmental State: the Odyssey of A Concept. in Woo-Cumings

M.（eds.）.The Developmental State. Ithaca：Cornell University Press，1999，32–61.

[102] Johnston，R. J. Urban Geography：City Structures。*Progress in Human Geography*，1977，2（1），118–129.

[103] Joshua C. R. The Beijing Consensus. London：Foreign policy center.

[104] Kitagawa E. M.，Bogue D. J. Suburbanization of Manufacturing Activities within Standard Metropolitan Areas.*Studies in Population Distribution*，No. 9，1955.

[105] Knox P. L. Urbanization：An Introduction to Urban Geography. London：Prentice Hall，1994.

[106] Knox P. L.World Cities in A World System.in Knox P. L.，Taylor P.（eds.）. World Cities in a World System. Cambridge：Cambridge University Press，1995，3–20.

[107] Kobrin S. J. Testing the Bargaining Hypothesis in the Manufacturing Sector in Developing Countries. *International Organization*，1987，41，609–638.

[108] Korcelli P. Theory of Intra–urban Structure：Review and Synthesis. A Cross–cultural Perspective. Geographica Polonica.In Bourne L.S.（eds.）. Internal Structure of the City，New York：Oxford University Press，1982，31，99–131.

[109] Krugman P. Geography and Trade. Cambridge：MIT Press，1991.

[110] Krugman P. First Nature，Second nature，and Metropolitan Location. *Journal of regional science*，1993，33（2），129–144.

[111] Krumme G. Towards A Geography of Enterprise.*Economic Geography*，1969，45，30–40.

[112] Kwok R.，Parish W.，Yeh A.，Xu X. Q.（Eds.）Chinese Urban Reform：What Model Now?. Armonk，New York，M.E. Sharpe，1990.

[113] Laulajainen R.，Stafford H. A. Corporate Geography：Business Location Principles and Cases. Boston：Kluwer Academic Publishers，1995.

[114] Lee K. S. The Location of Jobs in A Developing Metropolis. New York：Oxford University Press，1989.

[115] Lee S.，Seo J. G.，Webster C. The Decentralizing Metropolis：Economic Diversity and Commuting in the US Suburbs，*Urban Studies*，2006，43（13），2525–2549.

[116] Leung C. K.Locational Characteristics of Foreign Equity Joint Venture Investment in China，1979–1985. *The Professional Geographer*，1990，42，403–421.

[117] Leung C. K. Personal Contacts，Subcontracting Linkages，and Development in the Hong Kong–Zhujiang Delta Region. *Annals of the Association of American Geographers*，1993，83，272–302.

[118] Lin G. C. S. Metropolitan Development in A Transitional Socialist Economy：Spatial Restructuring in the Pearl River Delta，China. *Urban Studies*，2001，38（3），383–406.

[119] Lin G. C. S. The Growth and Structural Change of Chinese Cities: A Contextual and Geographical Analysis. *Cities*, 2002, 19 (5), 299–316.

[120] Lin Y. Historical Outline and Forecast on China's State–owned Enterprise Reform. Working paper, China Center for Economic Research, Peking University (In Chinese), 2000.

[121] Lo C. P. Socialist Ideology and Urban Strategies in China. *Urban Geography*, 1987, 8 (5), 440–458.

[122] Lo C. P. Economic Reforms and Socialist City Structure: A Case Study of Guangzhou, China. *Urban Geography*, 1994, 15, 128–149.

[123] Logan J. R. The New Chinese City: Globalization and Market Reform. Oxford: Blackwell Publishers, 2002.

[124] Longley P. A., Goodchild M. F., Maguire D. J., Rhind D. W. Geographic Information Systems and Science. New York: Wiley J. and Sons, 2001.

[125] Lösch A. The Economics of Location. New Haven CT: Yale University Press, 1954.

[126] Lowry I. S. A Model of Metropolis. Santa Monica. Calif: Rand Corporation, 1964.

[127] Lucas R. E. Externalities and Cities, *Review of Economic Dynamics*, 2001, 4, 245–274.

[128] Lucas R. E., Rossi–Hansberg E. On the Internal Structure of Cities. *Econometrica*, 2002, 70 (4), 1445–1476.

[129] Lusht K. M. Real Estate Valuation: Principles and Applications. New York: Irwin, 1997.

[130] Ma L. J. C. Urban Transformation in China, 1949–2000: a review and research agenda. *Environment and Planning A*, 2002, 34, 1545–1569.

[131] Macauley M. Estimation and Recent Behavior of Urban Population and Employment Density Gradients. *Journal of Urban Economics*, 1985, 18 (2), 251–260.

[132] Machlup F. Theories of the Firm: Marginalist, Behavioural, Managerial. *American Economic Review*, 1967, 57, 1–33.

[133] Marcon E. Puech F. Evaluating the Geographical Concentration of Industries: Using Distance–based Methods. *Journal of Economic Geography*, 2003, 3 (4), 409–428.

[134] Marcotullio P. J. Globalization, Urban Form and Environmental Conditions in Asia–Pacific Cities. *Urban Studies*, 2003, 40, (2), 219–247.

[135] Marcuse P., Kempen R. V. (eds.) Globalizing Cities: A New Spatial Order?. Malden, Mass: Blackwell, 2000.

[136] Margo R. A. Explaining the Postwar Suburbanization of Population in the United States: The Role of Income. *Journal of Urban Economics*, 1992, 31, 301–310.

[137] Markusen A. Sticky Places in Slippery Space: A Typology of Industrial Districts. *Economic geography*, 1996, 72 (3), 293–313.

[138] Marshall A. The Principles of Economics, London: Macmillan, 1922.

[139] Martin R. Institutional Approaches in Economic Geography. in Sheppard E., Barnes T. J. (eds.) .A companion to Economic Geography. Malden MA: Blackwell Publishers, 2000.

[140] Meyer J. R., Gomez-Ibanez J. A. Autos, Transit, and Cities. Cambridge MA: Harvard University Press, 1981.

[141] McDonald J. Econometric Studies of Urban Population Density: A Survey. *Journal of Urban Economics*, 1989, 26 (3), 361-385.

[142] McDonald J. F., McMillen, D. P. Employment Subcenters and Subsequent Real Estate Development in Suburban Chicago. *Journal of Urban Economics*, 2000, 48, 135-157.

[143] McMillen D. P., McDonald J. F. Suburban Subcenters and Employment Density in Metropolitan Chicago. *Journal of Urban Economics*. 1998, 48, 135-157.

[144] Mills E.Studies in the Structure of the Urban Economy. Baltimore: Johns Hopkins Press, 1972.

[145] Mills E. S., Tan, J. P. A Comparison of Urban Population Density Functions in Developed and Developing Countries. *Urban studies*, 1980, 17, 313-321.

[146] Mieszkowski P., Mills, E.The Causes of Metropolitan Suburbanization. *Journal of Economic Perspectives*, 1993, 7 (3), 135-147.

[147] Mollenkopf J. H., Castells, M. Dual City: Restructuring New York. New York: Russell Sage Foundation, 1991.

[148] Moses L., .Williamson H. F. The Location of Economic Activity in Cities. *American Economic Review*, 1967, 57, 2, 211-222.

[149] Muller P. Contemporary Suburban American. *Englewood Cliffs*, NJ: Prentice Hall, 1981.

[150] Murphy R. Shanghai: Key to Modern China. Cambridge, MA: Harvard University Press, 1953.

[151] Muth R. F. Cities and Housing.Chicago: The University of Chicago Press, 1969.

[152] Naughton B. Cities in the China Economic System: Changing Roles and Conditions for Autonomy. in Davis R., Kraus B., Naughton E. J. Perry (eds.) .Urban Spaces in Contemporary China. Washington, D. C.: Woodrow Wilson Center Press, 1995, 61-89.

[153] Neary J. P. Of Hype and Hyperbolas: Introducing the New Economic Geography. *Journal of Economic Literature*, 2001, 39, 536-561.

[154] Ning Y. M., Yan Z. M. The Changing Industrial and Spatial Structure in Shanghai. *Urban Geography*, 1995, 16 (7), 577-594.

[155] North D. C. Institutions, Institutional Change and Economic Performance. Cambridge: Cambridge University press, 1990.

[156] OhUallachain B., Reid, N. The Location and Growth of Business and Professional Services in American Metropolitan Areas. *Annals of the Association of American Geographers*, 1991, 81 (2), 254–270.

[157] O' Sullivan, A. Urban economics, New York: McGraw–Hill/ Irwin, 1996.

[158] Oi, J.C. The Role of the Local State in China's Transitional Economy. *The China Quarterly*, 1995, 144, 1132–1149.

[159] Oinas, P. Organization and Environments: Linking Industrial Geography and Organization Theory. in Conti S., Malecki E. J., Oinas P. (eds.). The Industrial Enterprise and Its Environment: Spatial Perspectives.Aldershot: Averbury, 1995.

[160] Pacione M. Models of Urban Land Use Structure in Cities of the Developed World. *Geography*, 2001, 86, 97–119.

[161] Pannell C. W. China's Continuing Urban Transition. *Environment and Planning A*, 2002, 34, 1571–1589.

[162] Park R., Burgess E., McKenzie R. (eds.) The city.Chicago: University of Chicago Press, 1925.

[163] Pellenbarg P. H., Wissen L. J. G., Dijk J. Firm Migration. in McCann P. (eds.). Industrial Location Economics. Cheltenham: Edward Elgar Publishing, 2002.

[164] Porter M. E. The Competitive Advantage of Nations.New York: The Free Press, 1990.

[165] Qian Y. Enterprise Reform in China: Agent Problem and Political Control, *Economics of Transition*, 1996, 4 (2), 427–447.

[166] Roberts B. H., Murray A. T. National and Regional Corporate Spatial Structure. *The Annals of Regional Science*, 2002, 36, 347–368.

[167] Roos M. W. M. How Important is Geography for Agglomeration?. *Journal of Economic Geography*, 2005, 5, 605–620.

[168] Sassen S. The Global City: New York, London, Tokyo. Princeton: Princeton University Press, 1991.

[169] Sassen S. Cities in a World Economy. Thousand Oaks: Pine Forge Press, 1994.

[170] Sassen S. The Global City: New York, London, Tokyo. second edition. Princeton: Princeton University Press, 2001.

[171] Scott A. J. The Spatial Structure of Metropolitan Labor Markets and the Theory of Intra–urban Plant Location. *Urban Geography*, 1981, 2, 1–30.

[172] Shearmur R., Alvergne, C. Intrametropolitan Patterns of High–order Business Service Location: A Comparative Study of Seventeen Sectors in Ile–de–France. *Urban Studies*, 2002, 39 (7), 1143–1163.

[173] Shearmur R and Coffey W. A Tale of Four Cities: Intrametropolitan Employment Distribution in Toronto, Montreal, Vancouver, and Ottawa–Hull, 1981–1996. *Environment and Planning A*, 2002, 34, 575–598.

[174] Short J. R. Global Metropolitan: Globalizing Cities in A Capitalist World. New York: Routledge, 2004.

[175] Smidt M. , Wever E. The Corporate Firm in A Changing World Economy: Case Studies in the Geography of Enterprise, London: Routledge, 1990.

[176] Smith D. M. Industrial Location: An Economic Geographical Analysis. New York: John Wiley & Sons, Inc, 1971.

[177] Smith N. Urban Development: Nature, Capital and the Production of Space. Oxford: Basil Blackwell, 1984.

[178] Singelmann J. From Agriculture to Services: the Transformation of Industrial Employment. Beverly Hills, CA: Sage, 1978.

[179] Shearmur R., Alvergne C. Intrametropolitan Patterns of High–order Business Service Location: A Comparative Study of Seventeen Sectors in Ile–de–France. *Urban Studies*, 2002, 39 (7), 1143–1163.

[180] Shen, Q. Urban Transportation in Shanghai, China: problems and planning implications. *International Journal of Urban and Regional Research*, 1997, 21 (4), 589–606.

[181] Shukla V., Waddell, P. Firm Location and Land Use in Discrete Urban Space: A Study of the Spatial Structure of Dallas–Fort Worth. *Regional Science and Urban Economics*, 1991, 1, 255–253.

[182] Skūlason J. B., Hayter, R. Industrial Location as A Bargain: Iceland and the Aluminimum Multinationals 1962–1994. *Geografiska Annaler Series B*, *Human Geography*, 1998, 80, 29–48.

[183] SoFang, The Report on Real Estate Market in China, Unpublished report, 2006.

[184] Stabler J., Louis L. Embodied Inputs and the Classification of Basic and Nonbasic Activity: Implication for Economic Base and Regional Growth Analysis. *Environment and Planning A*, 1990, 22, 1667–1675.

[185] Stanback T. M. The New Suburbanization. Boulder: Westview Press, 1991.

[186] Stanback T. M, Knight R. Suburbanization and the City. New York: Columbia University, 1976.

[187] Strorper M., Salais R. Worlds of Production: the Action Frameworks of the Economy. Cambridge, MA: Harvard University Press, 1997.

[188] Sui D. Z. GIS–based Urban Modeling: Practices, Problems, and Prospects. *International*

Journal of Geographical Information Science, 2001, 12 (7): 651–671.

[189] Sui D.Z., Zeng, H. Modeling the Dynamics of Landscape Structure in Asia's Emerging Desakota Regions: A Case Study in Shenzhen. *Landscape and Urban Planning*, 2001, 53 (1), 37–52.

[190] Tao C., Li, Z.L. A Multiscale Approach for Spatio–temporal Outlier Detection. *Transactions in GIS*, 2006, 10 (2), 253–263.

[191] Tarver J. D. Suburbanization of Retail Trade in the Standard Metropolitan Areas of the United States, 1948–54. *American Sociological Review*, 1957, 22 (4), 427–433.

[192] Thrift N. , Olds K. Refiguring the Economic in Economic Geography. *Progress in Human Geography*1996, 20, 311–337.

[193] UNCTAD. World Investment Report 1993: Transnational Corporations and Integrated International Production. New York: United Nations Conference on Trade and Development, 1993.

[194] Unwin. Town Planning in Practice: An Introduction to the Art of Designing Cities and Suburbs (2nd ed.) . New York: B. Blom, 1971.

[195] Victor F. S. S., Yang C. Foreign–investment–induced exo–urbanization in the Pearl River Delta, China. *Urban Studies*, 1997, 34 (4), 647–677.

[196] Waddell P., Shukla V. Manufacturing Location in A Polycentric Urban Area: A study in the Composition and Attractiveness of Employment Subcenter. *Urban Geography*, 1993, 14, 277–296.

[197] Walks R. A. The Social Ecology of the Post–Fordist/global City? Economic Restructuring and Socio–spatial Polarization in the Toronto Urban Region. *Urban Studies*, 2001, 38 (3), 407–447.

[198] Walker A., Li, L. Land Use Rights Reform and the Real Estate Market in China. *Journal of Real Estate Literature*, 1994, 2 (2), 199–211.

[199] Wang F., Zhou Y. X. Modeling Urban Population Densities in Beijing 1982–90: Suburbanization and its causes. *Urban Studies*, 1999, 36 (6), 271–287.

[200] Wang Y. An Institutional Analysis of China's Urban Development: Case Study of Real Estate Market in Transitional Chongqing. Ph. D dissertation, Department of Real estate, NUS, 2003.

[201] Wang Y. P.. Murie A. Commercial Housing Development in Urban China. *Urban Studies*, 1999, 36 (9), 1487–1506.

[202] Wang S., Jones, K. Retail Structure of Beijing, *Environment and Planning A*, 2002, 34 (10), 1785–1808.

[203] Webber A. F. The Growth of Cities in the Nineteenth Century: A Study in Statistics, New York: Macmillan, 1899.

[204] Weber, A. Alfred Weber's Theory of the Location of Industries (translated by Friedrich, C. J.) .Chicago: University of Chicago Press, 1929.

[205] Wei D.Y., Leung, C.K. Development Zones, Foreign Investment, and Global City Formation in Shanghai. *Growth and Change*, 2005, 36 (1), 16–40.

[206] White M. Urban Areas with Decentralized Employment: Theory and Empirical Work.in Cheshire P., Mills E. S. (eds.) .Handbook of Regional and Urban Economcs, V (3): Applied Urban Economics. Amsterdam: Elsevier Science, 1999.

[207] Wong D. W. S. Spatial Indices of Segregation, *Urban Studies*, 1993, 30 (3), 559–572.

[208] Wong D. W. S. Modeling Local Segregation: A Spatial Interaction Approach. *Geographical and Environmental Modeling*.2002, 6 (1), 81–97.

[209] World Bank. Sustainable Transport: Priorities for Policy Reform. Washington, D.C.:The World Bank, 1996.

[210] World Bank www.worldbank.org/data, accessed on September, 2006.

[211] Wu F. The Global and Local Dimensions of Place-making: Remaking Shanghai as A World City. *Urban Studies*, 2000a, 37 (8), 1359–1377.

[212] Wu F. Modeling Intra-metropolitan Location of Foreign Investment Firms in a Chinese City. Urban Studies, 2000b, 37 (13), 2441–2464.

[213] Wu F. China' s Recent Urban Development in the Process of Land and Housing Marketisation and Economic Globalization. *Habitat International*, 2001, 25 (3), 274–292.

[214] Wu F. Commentary (transitional cities) . *Environment and Planning*, *A*, 2003, 35: 1331–1338.

[215] Wu F. Rediscovering the 'gate' Under Market Transition: From Work-unit Compounds to Commodity Housing Enclaves. *Housing Studies*, 2005. 20 (2), 235–254.

[216] Wu F., Yeh A. Gar-On. Transitional Economy: The Case of Guangzhou, China. *Journal of American Planning Association*, 1999, 65 (4), 377–394.

[217] Wu F., Ma L. Restructuring the Chinese City: Changing Society, Economy and Space. London: Routledge, 2005.

[218] www.germanycentershanghai.com, accessed on December, 2006.

[219] www.highway.sh.cn, accessed on November, 2006.

[210] www.sgs.gov.cn, 2005. accessed on September, 2005.

[221] www.smics.com, accessed on Jan. 18th, 2006.

[222] www.jennessent.com, 2005. accessed on January, 2005.

[223] www.joneslanglasalle.com, accessed on December, 2006.

[224] www.metro.com.cn, accessed on December, 2006.

[225] www.wackergroup.com, accessed on December, 2006.

[226] www.xinhuanet.com, accessed on 2006-02-22.

[227] www.zjpark.com, accessed on November, 2006.

[228] Xu X. Q., Li, S. M. China's Open Door Policy and Urbanization in Pearl River Delta region. *International of Urban and Regional Research*, 1990, 49-70.

[229] Yang F. F. Services and Metropolitan Development in China: the Case of Guangzhou. *Progress in Planning*, 2004, 61, 181-209.

[230] Yeates M .H., Garner, B. J. The North American City. New York: Harper and Row, 1971.

[231] Yeh A.G. O., Wu, F. Internal Structure of Chinese Cities in the Midst of Economic Reform. *Urban Geography*, 1995, 16 (6), 521-554.

[232] Yeh A.G.O., Wu, F. The Transformation of the Urban Planning System in China From A Centrally-planned to Transitional Economy. *Progress in Planning*, 1999, 51, 167-252.

[233] Yeoh B. Global/globalizing Citie. *Progress in Human Geography*.1999, 23 (4), 607-616.

[234] Yeung Y.M. Introduction. in Yeung Y.M., Sung Y. (eds.) . Shanghai: Transformation and Modernization Under China's Open Policy. Hong Kong: The Chinese University of Hong Kong, 1996.

[235] Yeung Y.M., Sung Y. (eds.) . Shanghai: Transformation and Modernization Under China's Open Policy. Hong Kong: The Chinese University of Hong Kong, 1996.

[236] Yeung Y. M., Li, X. J. Bargaining with Transnational Corporations: the Case of Shanghai. *International Journal of Urban and Regional Research*, 1999, 23 (3), 513-533.

[237] Yin R. K. Case Study Research: Design and Methods. Thousand Oaks, Calif.: Sage Publications, 2003.

[238] Yusuf S., Wu W. Pathways to a World City: Shanghai Rising in An Era of Globalization. *Urban Studies*, 2002, 9 (7), 1213-1240.

[239] Zhang T. Urban Development and A Socialist Pro-growth Coalition in Shanghai. *Urban Affairs Review*, 2002, 37 (4), 475-499.

[240] Zhao X., Zhang L. Urban Performance and the Control of Urban Size in China. *Urban Studies*, 1995, 32 (4/5), 813-845.

[241] Zhen G. The research on Beijing Development Area. Dissertation of Beijing University, 2004.

[242] Zhou Y.X., Ma L.J.C. Economic Restructuring and Suburbanization in China. *Urban Geography*, 2000, 21, 205-236.

[243] Zhu J. The Formation of A Market-oriented Local Property Development Industry in

Transitional China: A Shenzhen Case Study. *Environment and Planning A*, 1999a, 31 (10), 1839-1856.

[244] Zhu J. Local Growth Coalition: the Context and Implication of China's Gradualist Urban Land Reforms. *International Journal of Urban and Regional Research*, 1999b, 23 (3), 534-548.

[245] 陈文娟，蔡人群 . 广州城市郊区化的进程及动力机制 [J]. 热带地理，16（2）：122-129.

[246] 国家统计局. 中国乡、镇、街道人口 [M]. 北京：中国统计出版社，2002.

[247] 高汝熹，罗守贵 . 城区核心竞争力 [M]. 上海：上海交通大学出版社，2004.

[248] 高向东 . 大城市人口分布变动和郊区化研究：以上海为例 [M]. 上海：复旦大学出版社，2003.

[249] 胡序威，周一星，顾朝林 . 中国沿海城镇密集地区空间集聚与扩散研究 [M]. 北京：科学出版社，2000.

[250] 刘武君 . 大都会：上海城市交通与空间结构研究 [M]. 上海：上海科学技术出版社，2004.

[251] 明立志，张厚义 . 中国私营企业发展报告 [M]. 北京：社会科学文献出版社，1999.

[252] 宁越敏 . 上海市区生产服务业及办公楼区位研究 [J]. 城市规划，2000（8）.

[253] 宁越敏 . 外商直接投资对上海经济发展影响的分析 [J]. 经济地理，24（3）：313-317.

[254] 宁越敏，邓永成 . 上海城市郊区化研究 [A]. 李思名等 . 中国区域经济发展面面观 [C]. 台北：台北大学出版社，1996.

[255] 上海工商管理（SHAIC）. 上海企业数据库 . 未公布数据，2005.

[256] 上海年鉴 . 上海地方志办公室 . 上海：上海人民出版社，1999.

[257] 上海市统计局 . 上海中国共产党年鉴 [M]. 上海：上海年鉴出版社，1998.

[258] 上海市统计局 . 上海房地产年鉴 [M]. 上海：上海年鉴出版社，1998.

[259] 上海市统计局 . 上海城市规划年鉴 [M]. 上海：上海年鉴出版社，1998.

[260] 上海市人民政府发展研究中心 . 上海经济年鉴 [M]. 北京：中国统计出版社，2006.

[261] 上海市建设和交通委员会 . 上海建设年鉴 [M]. 上海：上海锦绣文章出版社，2005.

[262] 上海市统计局 . 上海工业统计年鉴 [M]. 上海：上海年鉴出版社，2004.

[263] 上海市统计局 . 上海人口普查数据 1982[M]. 上海：上海统计出版社，1982.

[264] 上海市统计局 . 上海人口普查数据 1990[M]. 上海：上海统计出版社，1990.

[265] 上海市统计局 . 上海人口普查数据 2000[M]. 上海：上海统计出版社，2000.

[266] 上海市统计局 . 上海统计年鉴 1991[M]. 北京：中国统计出版社，1991.

[267] 上海市统计局 . 上海统计年鉴 1996[M]. 北京：中国统计出版社，1996.

[268] 上海市统计局 . 上海统计年鉴 2001[M]. 北京：中国统计出版社，2001.

[269] 上海市统计局 . 上海统计年鉴 2002[M]. 北京：中国统计出版社，2002.

[270] 上海市统计局 . 上海统计年鉴 2005[M]. 北京：中国统计出版社，2005.

[271] 上海市统计局 . 上海统计年鉴 2006[M]. 北京：中国统计出版社，2006.

[272] 上海市测绘勘察院 . 上海社区图集 [M]. 上海：上海调查院出版社，2005a.

[273] 上海市测绘勘察院 . 上海主要开发区地区 [M]. 上海：上海调查院出版社，2005b.

[274] 上海城市发展年鉴 1995. 上海：上海年鉴出版社 .

[275] 上海城市发展年鉴 2000. 上海：上海年鉴出版社 .

[276] 上海城市发展年鉴 2004. 上海：上海年鉴出版社 .

[277] 王沪宁 . 中国变化中的中央和地方政府的关系：政治的含义 [J]. 复旦学报，1988（5）：1–8.

[278] 谢黎萍，孙宝席 . 易地走新路——上海申安纺织有限公司总经理陈国珍访谈录 [J]. 上海党史党建，2006（7）：56–59.

[279] 龚仰君，夏大慰 . 上海工业发展报告 [M]. 上海：上海财经大学出版社，2001.

[280] 杨万钟，祝兆松，黄锡霖等 . 上海工业结构与布局研究 [M]. 上海：华东师范大学出版社，1991.

[281] 叶贵勋等 . 上海城市空间发展研究 [M]. 北京：中国建筑工业出版社，2003.

[282] 周一星，孟延春 . 北京的郊区化及其对策 [M]. 北京：科学出版社，2000.